Doris Heueck-Mauß

So rede ich richtig mit meinem Kind

Wie Worte wirken

Konflikte fair lösen

Stressfreier erziehen

Für Eltern von 3- bis 10-jährigen Kindern

Bibliografische Information der Deutschen Nationalbibliothek
Die Deutsche Nationalbibliothek verzeichnet diese Publikation in der Deutschen
Nationalbibliografie; detaillierte bibliografische Daten sind im Internet über
http://dnb.ddb.de abrufbar.

ISBN 978-3-86910-621-2 (Print)
ISBN 978-3-86910-745-5 (PDF)
ISBN 978-3-86910-743-1 (EPUB)

Die Autorin: Doris Heueck-Mauß, Diplom-Psychologin/Psychotherapeutin, ist Mutter zweier erwachsener Kinder. Seit ihrem Examen 1974 in klinischer Psychologie
an der Universität München sind ihre beruflichen Schwerpunkte die Entwicklung
des Kindes, das menschliche Verhalten und Kommunikation. Nach ihrer klinischen
Arbeit mit sozial-emotional gestörten Kindern im Kinderzentrum München unter
Leitung von Professor Hellbrügge arbeitet sie als selbstständige Psychologin seit
1977 im Münchner Familienkolleg mit den Schwerpunkten Präventives Elterntraining „PET" und Fortbildungsseminare in Verhaltens- und Kommunikationstrai-
ning. Seit 1982 führt sie eine eigene psychotherapeutische Praxis. Zudem bereitet sie
werdende Eltern an einer Münchner Frauenklinik auf Geburt und Familienleben
vor. Ergänzend hält sie Vorträge im Bereich Erziehung und Entwicklung des Kindes
und leitet Supervisionen mit Erzieherteams in sozialen Einrichtungen.
Die Autorin im Internet: www.elternabc.de

Bei humboldt ist ein weiteres Buch der Autorin erschienen:
Das Trotzkopfalter, ISBN 978-2-86910-617-5

Originalausgabe

© 2012 humboldt
Eine Marke der Schlüterschen Verlagsgesellschaft mbH & Co. KG,
Hans-Böckler-Allee 7, 30173 Hannover
www.schluetersche.de
www.humboldt.de

Autor und Verlag haben dieses Buch sorgfältig geprüft. Für eventuelle Fehler kann
dennoch keine Gewähr übernommen werden. Alle Rechte vorbehalten. Das Werk
ist urheberrechtlich geschützt. Jede Verwertung außerhalb der gesetzlich geregel-
ten Fälle muss vom Verlag schriftlich genehmigt werden.

Lektorat:	Nathalie Röseler, Dateiwerk GmbH, Pliening;
	Eckhard Schwettmann, Gernsbach
Covergestaltung:	DSP Zeitgeist GmbH, Ettlingen
Innengestaltung:	akuSatz Andrea Kunkel, Stuttgart
Titelfoto:	Shutterstock / DSP
Satz:	PER Medien+Marketing GmbH, Braunschweig
Druck:	Grafisches Centrum Cuno GmbH & Co. KG, Calbe

Hergestellt in Deutschland.
Gedruckt auf Papier aus nachhaltiger Forstwirtschaft.

Inhalt

Vorwort

Liebe Mutter, lieber Vater,

wenn Sie diesen Ratgeber zum ersten Mal in der Hand halten, werden Sie sich vielleicht fragen: Gibt es nicht schon eine Menge Erziehungsratgeber? Worin unterscheiden sie sich?

Es wird viel über die Kindererziehung diskutiert und geschrieben und es werden Ratschläge sowie Rezepte vermittelt, die aber oft nicht funktionieren, da sie nur den Blickwinkel der Erwachsenen berücksichtigen. Die Art und Weise, wie sich Erwachsene verhalten und kommunizieren und welche Auswirkung dies auf das kindliche Verhalten und seine Emotionen hat, findet man dagegen selten erklärt. Sind Ihre Kinder aus dem Kleinkindalter herausgewachsen und zeigen ihren Willen sehr deutlich, wobei sie sprachlich immer geschickter werden, können Sie als Eltern oder Großeltern schnell an Ihre Grenzen kommen. Kinder fordern uns täglich heraus, da die elterlichen Anforderungen oft zu Konflikten führen. Aus Zeitmangel, Ungeduld oder Verärgerung hören Kinder oftmals „Nein", „Du musst …", „mach endlich", „warum folgst du nicht", „wenn du nicht, … dann …" – also viele Aufforderungen, Befehle, Ermahnungen und Tadel. Kinder lernen dadurch aber kein neues Verhalten. Im Gegenteil, so wird eher der Widerstand des Kindes hervorgerufen. Häufig enden diese Konflikte mit Schimpfen, Gebrüll, Tränen und Frustration auf beiden Seiten. Es gibt Sieger und Verlierer. Das ist anstrengend und die meisten Eltern haben sich Erziehen *so nicht* vorgestellt!

Selten wird Eltern deutlich vor Augen geführt, dass sie täglich ein Vorbild in ihrem verbalen und nonverbalen Verhalten geben und ihr Verhalten immer in Wechselwirkung steht!

In meinem Ratgeber „Das Trotzkopfalter" für zwei- bis sechsjährige Kinder werden diese lernpsychologischen Erkenntnisse als „Erziehungs-ABC" ausführlich beschrieben. Der Schwerpunkt des Ratgebers liegt bei der emotionalen Entwicklung – vor allem der Unterscheidung zwischen Aggressionen, Provokationen und dem emotionalen Frust, genannt Trotz – und im beobachtbaren Verhalten sowohl des Kindes als auch der Eltern.

In diesem Ratgeber für Kinder im Vor- und Grundschulalter stehen die Wirkung der Sprache und die familiäre Kommunikation im Mittelpunkt!

Ich erkläre kommunikationspsychologische Erkenntnisse anhand vieler Beispiele sowie Kommunikationsregeln und deren Anwendungsmöglichkeiten, vor allem bei alltäglichen Konflikten. So erfahren Sie, wie Sie mit einer ehrlichen, direkten und schlüssigen Kommunikation Ihre Erziehungsziele erreichen können, und zwar möglichst ohne Machtkampf und Frustration auf beiden Seiten.

Es kommt nicht nur darauf an, was man sagt, sondern vor allem, **wie** man es sagt! Je älter die Kinder werden, desto mehr steigen auch die täglichen Anforderungen an sie und damit das Risiko von Konflikten vor allem in folgenden Bereichen: Ordnung, Essen, Hausaufgaben, Pünktlichkeit, Benehmen und Schlafzeiten. Bei mehreren Kindern kommt es auch öfters zu Geschwisterstreit. Ältere Kinder bringen von der Schule oder von Freunden Ausdrücke und Redewendungen mit nach Hause, die Eltern ärgern oder „sprachlos" machen können.

Mit diesem Ratgeber lernen Sie als Eltern, wie Sie zu vernünftigen, altersangepassten Kompromissen und Konfliktlösungen mit Ihren Kindern, aber auch Ihrem Partner kommen. Sie erfahren, wie Sie Ihr eigenes Sprachverhalten reflektieren, lesen über Kommunikationsregeln und erhalten Anleitungen zum „fairen" Streitgespräch. Damit das Familienleben lebendig bleibt und tiefer gehende Konflikte vermieden werden können.

Einleitung

Die Sprache – das Tor zur Welt für Kinder

Ohne Sprache können Kinder nicht existieren, sich nicht in die Welt der Erwachsenen integrieren. Damit Kinder sich in einer Welt zurechtfinden, die für sie immer komplizierter, reizüberfluteter und leistungsbetonter wird, brauchen sie Orientierung. Die erhalten sie durch das liebevolle Verhalten und die verständnisvolle Sprache ihrer Eltern und ein offenes Ohr für ihre Kümmernisse!

Eltern legen mit ihrem Verhalten das Fundament für die Persönlichkeit des Kindes! Ob ein Kind sich selbstbewusst entwickelt, aber auch lernt, sich an die Regeln der Familie und der Gesellschaft anzupassen, hängt entscheidend davon ab, wie Eltern ihren Kindern Regeln und Wertvorstellungen vermitteln und vorleben.

Der Erziehungsanspruch, den die Gesellschaft heutzutage an die Eltern stellt, kann starken Druck und Verunsicherung auslösen. Denn einerseits werden die autoritären Erziehungsmodelle von gestern abgelehnt, andererseits gibt es aber auch nicht wirklich neue Modelle. Eltern handeln eher durch ein Ausprobieren zwischen alles erlauben, ohne Grenzen zu setzen, bis hin zu einem demokratischen Erziehungsstil.

Denn Eltern sind keine Pädagogen! Sie sind geprägt durch die eigene Erziehung und das Umfeld, in dem sie aufgewachsen sind. Einen Einfluss haben ebenso ihre Schulausbildung, ihre Berufswahl und ihre Lebensmodelle. Diese Erfahrungen bestimmen den Lebensstil, die Partnerwahl, den Umgang miteinander und auch das verbale Verhalten. Die Art und Weise, wie sie mit ihren Kindern sprechen oder sich anreden lassen, ob es Monologe oder Dialoge gibt, Unterhaltungen oder Streitgespräche, wird somit von den eigenen Elternmodellen mit geprägt.

Manche Eltern sprechen ihre dreijährigen Kinder bereits wie Erwachsene an, sie diskutieren mit ihnen wie mit dem Partner, sodass diese Kinder dann sehr „altklug" sprechen. Auf der anderen Seite sprechen schon Sechsjährige mit ihrer Mutter oder ihrem Vater wie mit ihren Freunden auf dem Schulhof. Manche Zehnjährige behandeln ihre Eltern wie Befehlsempfänger und drohen, wenn ihre Wünsche nicht erfüllt werden. An der Schwelle zur Pubertät haben Eltern oft gar nichts mehr zu sagen, und die Kommunikation funktioniert nur noch über Dritte, wenn Hilfe von außen angefordert wird.

Damit es gar nicht so weit kommt, sollten Eltern, Erzieher, Großeltern und Kinder Bescheid wissen, welche Kommunikationsmuster in die typischen emotionalen Fallen führen, wodurch viel Energie in destruktives Sprechen und Handeln fließt und auf beiden Seiten Frustration entstehen kann.

Konstruktive Sprache und aufmerksames Zuhören führen dagegen zu erwünschtem Verhalten und positiven Emotionen, zu einem Miteinander in der Familie.

Achtsames Erziehen und miteinander Sprechen erfordert Zeit, Geduld und das Wissen, dass eindeutige Kommunikationsregeln den Erziehungsalltag erleichtern. Sprache schafft Wirklichkeiten: „So, wie man in den Wald hineinruft, schallt es wieder heraus!"

Beispiele für Kommunikationsregeln

- Klare, altersgerechte Ansagen,
- aufmerksames Zuhören,
- den anderen zu Wort kommen lassen,
- Wertschätzung der unterschiedlichen Wünsche und Gefühle,
- Zuhören mit dem „dritten Ohr", also auf die Emotionen des anderen eingehen,
- Ankündigungen konsequent durchhalten,
- klare Regeln aufstellen und deren Konsequenzen für alle Familienmitglieder durchsetzen,
- bei Meinungsverschiedenheiten sachlich bleiben und im „Hier und Jetzt" versuchen, eine Regelung oder Lösung zu finden,
- faire Konfliktgespräche und Familienkonferenzen.

Wie funktioniert Sprache?

Geistige Entwicklung und Sprachentwicklung

Vom Laut zum Wort zum Satz

Schon ein paar Tagen nach der Geburt können Eltern die kindlichen Lautäußerungen unterscheiden. Bedeuten die Töne oder das Schreien Hunger, Langeweile, Müdigkeit oder das Bedürfnis danach getragen zu werden und nach Hautkontakt? Das Baby ist auch „ganz Ohr" und lauscht aufmerksam, wenn die Eltern mit ihm sprechen. Schon im Mutterleib kann es zwischen der weiblichen und der männlichen Stimme unterscheiden. Alle Sinne, vor allem das Hören und der kinästhetische Sinn, sind schon voll im Einsatz. Deshalb sind dem Baby die Stimmen, Töne und Melodien sowie Berührungen nach der Geburt bereits vertraut. Schon im ersten Lebensjahr lernt das Kind Worte und Begriffe, kann diese aber noch nicht aussprechen, da sich die Zungenmotorik noch entwickeln muss. Eltern-Kind-Dialoge finden über Doppellaute wie „dada, baba, mama" statt, das Baby brabbelt aber auch alleine vor sich hin, wenn es zufrieden ist. Ende des ersten Lebensjahres sind schon ca. 50 Wörter abgespeichert und mit 16 Monaten sprechen 90 % der Kleinkinder Einwortsätze und können Begriffe zuordnen. Mit zwei Jahren verständigt sich das Kleinkind mit Zweiwortsätzen: „Mama eia, Papa spielen, Mimi haben …".

Bis das Sprechen als psychomotorischer Vorgang erlernt ist, vergehen drei Jahre, dann werden Drei- und Mehrwortsätze gesprochen. Dabei können Kleinkinder schöpferisch mit der Wortwahl sein. Der dreijährige Ferdinand kreierte „Popi" für seinen Opa mit der kindlichen Logik „Der Opa ist der Papa von der Mama". Den Namen Popi verwendeten dann alle in der Familie.

Kinder sollten in diesem „Wortfindungsalter" zwischen zwei und drei Jahren weder korrigiert noch ausgelacht werden. Als Eltern wiederholt man das Wort richtig: „Ach, du meinst mit ‚Mimi' deine Milch." Gerade Großeltern neigen gerne zur Babysprache, wenn das Kind noch so klein und niedlich ist: „Gib der Oma das Patschehändchen" oder „Magst du namnam?", „Sollen wir heia machen?" Das ist in Ordnung, die Begriffe sollten aber auch in der Erwachsenensprache benannt werden.

Sprachverständnis

Das Sprachverständnis entwickelt sich schneller als das Sprechen und setzt bereits ab dem fünften Lebensmonat ein. Das Baby erkennt seinen Namen, Mama und Papa, Gegenstände und Begriffe wie heiß, kalt, aua, ja und nein. Es kann kleineren Aufforderungen nachkommen wie

„Gib mir den Teddy", „Nimm den Ball!" oder „Wo ist der Hund?"

Wie das Kind ab dem dritten Lebensjahr spricht, in Babysprache, im Dialekt oder grammatikalisch richtig, lernt es von den Erwachsenen. Sprechen ist zwar genetisch angelegt, benötigt aber die Anregung und die Beschäftigung mit dem Kind. Es muss Sprache hören, um sich später ausdrücken zu können. Es soll ermuntert und geliebt werden, um frei und ohne Hemmungen oder Sprachlücken sprechen zu können. Die Eltern sind sein Sprachvorbild! Das kann man gut bei den kindlichen Rollenspielen erkennen, wenn das Kind in eine Elternrolle schlüpft und Papa oder Mama in Tonfall oder Wortwahl, aber auch Mimik und Gestik genau widerspiegelt! Manche Eltern erschrecken und erkennen sich kaum wieder: „Was, so laut und im Befehlston rede ich mit meinem Kind?"

Selbstbewusste Dreijährige sind kleine Plaudertaschen und können sich schon wie die Großen ausdrücken. Gehemmte oder entwicklungsverzögerte Kinder sind eher still, man muss ihnen jedes Wort hervorlocken, oft drücken sie sich nur über Gestik und Mimik aus.

Auch wenn kleine Kinder sich wie die Großen ausdrücken wollen, sollten die Erwachsenen nicht mit Ironie oder Doppeldeutigkeiten sprechen. Kinder in diesem Alter nehmen noch alles wortwörtlich, sie können noch nicht hinterfragen, sie müssen erst lernen, die Bedeutung der Wörter zu begreifen. Auch Fäkalsprache oder sexistische

Ausdrücke sollten Sie unbedingt unterlassen. Kinder sprechen auch diese Worte unbefangen aus: „Oma, du bist ein Arschloch, hat der Papa gesagt", „Alle Weiber sind blöd".

Die Gefühlswelt der Erwachsenen können sie noch nicht erkennen, wenn die Mutter sagt: „Es ist zum Kotzen mit dir, ich halt es nicht mehr aus und gehe." Sagt dies der Dreijährige dann zu seiner Erzieherin, bekommt er vielleicht Sanktionen und versteht gar nicht, warum.

VORSICHT:
Kinder haben große Ohren und Freude am Nachahmen und Nachplappern, können aber noch nicht abstrahieren und unterscheiden, was man in der Familie so dahinsagt und was nicht nach außen gehört.

Zweisprachigkeit

Viele Kleinkinder wachsen heute bilingual auf, wenn ihre Eltern verschiedene Muttersprachen sprechen oder sie Kinder mit Migrationshintergrund sind, wenn sie mit drei Jahren in einen deutschen Kindergarten kommen. Babys können schon im Mutterleib unterschiedliche Sprachrhythmen erkennen. Sie sind fähig, von Geburt an zwei- oder mehrsprachig aufzuwachsen. Sie befinden sich bereits im Bauch in einem „Sprachbad" und hören täglich verschiedene Sprachen. Das kindliche Gehirn ist unglaublich aufnahmefähig, ein Kind ist damit nicht überfordert. Für die grammatikalisch richtige Wiedergabe der Sprache ist es jedoch wichtig, dass die Eltern konsequent mit ihrem Baby und Kleinkind in der jeweiligen Sprache sprechen. So gibt es Familien, in denen die Mutter Spanisch mit dem Kind spricht und der Vater Englisch, während es in der Kinderkrippe täglich Deutsch hört. Für die Integration dieser Kinder ist es sehr wichtig, dass sie frühzeitig die jeweilige Landessprache sprechen lernen, am Spielplatz, vom Nachbarskind und spätestens im Kindergarten. Geschieht dies erst in der Grundschule, tun sich diese Kinder schwer, die Grammatik richtig anzuwenden, und fühlen sich schnell ausgegrenzt.

Kinder, die nur mit einem Dialekt aufwachsen und keine Schriftsprache sprechen können, sind ebenfalls benachteiligt, wenn sie in den Kindergarten kommen.

Eltern sollten aber nicht zwanghaft eine Fremdsprache sprechen, wenn es nicht ihre Muttersprache ist. Kinder reagieren darauf eher mit Kauderwelsch. Mittlerweile gibt es in den Großstädten bilinguale Kindergärten und Schulen, in denen die Pädagogen Muttersprachler sind und die Kinder täglich in beiden Sprachen fördern und unterrichten. Werden Kinder nur einmal die Woche eine Stunde in einer Fremdsprache unterrichtet, ahmen sie diese zwar nach, es bleibt aber kein Sprachfundus für später hängen, da das Arbeits- und Langzeitgedächtnis erst um das sechste Lebensjahr angelegt wird.

FAZIT:
- Sprechen lernen geschieht in einer genetisch festgelegten Entwicklung, die Fähigkeit zu sprechen ist angeboren. Sprechen ist ein psychomotorischer Vorgang.
- Sprachverständnis wird durch den sozial-emotionalen Umgang gefördert über Reden und vor allem Vorlesen.
- Mit drei Jahren sollte das Kind in grammatikalisch richtigen Sätzen sprechen können!

Sprache im Kindergartenalter

Zwischen dem vierten und fünften Lebensjahr meistern gesunde und geförderte Kinder ihre Muttersprache sowohl in der Wortwahl als auch in grammatikalisch richtigen Sätzen. Dabei spielt die Bildung der Eltern eine große Rolle, ebenso der Besuch einer pädagogischen Einrichtung und der Umgang mit den Medien.

Leider sitzen schon viel zu viele Kindergartenkinder durchschnittlich täglich eine Stunde (!) oder mehr vor dem Fernseher oder vor Spielkonsolen für kleine Kinder. Es gibt durchaus wertvolle Sendungen wie „Die Sendung mit der Maus" oder „Sesamstraße". Viele Eltern erinnern sich noch an „Tom und Jerry" und ähnliche Comicfilme. Ältere Kinder lieben „Pippi Langstrumpf" und „Die Kinder von Bullerbü". Eltern dürfen und sollten ihren Kindern Grenzen setzen und sie nur ausgewählte Filme schauen lassen. Außerdem ist es besser, wenn ein Elternteil (oder ein anderer Erwachsener) mit dem Kind diese Sendungen anschaut, damit die kindlichen Fragen beantwortet werden können und eine emotionale Begleitung und Beteiligung durch den Erwachsenen möglich ist. Kinder identifizieren sich gerne mit ihren Lieblingsfiguren. Ein- bis zweimal die Woche 30 Minuten einen Film sehen, ist völlig in Ordnung. Nach neuesten Studien sitzen aber bereits Vier- bis Fünf-jährige täglich bis zu zwei Stunden vor dem Bildschirm oder der Spielkonsole – alleine! Der Fernseher wird leider viel zu häufig als „technische Oma" eingesetzt, damit Mama oder Papa in Ruhe ihre Arbeit erledigen können. Auch die Gutenachtgeschichte wird immer häufiger durch Filme oder Hörbücher ersetzt. Die Kinder sind natürlich neugierig, sehen und hören gerne zu. Es fehlt aber die emotionale Beziehung, der Austausch über das Erlebte. Ungefiltert übernehmen sie die Sprache und Sprechweisen ihrer technischen Freunde. Erfahrene Erzieherinnen erkennen anhand der Formulierungen der Kinder häufig, welche Sendung gerade der Favorit ist.

Der Slogan „Kiste aus und Buch raus" sollte ein Appell an die Eltern sein, wieder mehr zum Buch zu greifen. Es gibt viele sehr gut gestaltete Bände für jede Altersstufe! Altersgerecht wird die Fantasiewelt des Kindes dargestellt, der Vorleser kann seine Stimme verstellen und die Emotionen in der Geschichte widerspiegeln. Das Kind versetzt sich in eine andere Welt und sucht die körperliche Nähe und Zuwendung. Es teilt den Spaß, die Spannung, die Angst mit dem Erwachsenen und ist nicht alleine.

Beim Vorlesen werden alle Grundbedürfnisse eines Kleinkindes erfüllt: Zeit füreinander haben, in Körperkontakt sein, Aufmerksamkeit spüren und emotionale Beteiligung. Die guten alten Märchen wie „Frau Holle", „Struwwelpeter", „Max und Moritz" oder „Hänsel und Gretel" wirken in den Augen der Erwachsenen oft grausam, aber letztlich spiegeln sie die Welt wider und häufig siegt das Gute. Kindliche Aggressionen sind angeboren, so fiebern die Kleinen mit dem Bösewicht mit. Mitgefühl kann nur über Modelle und das Vorleben der Erwachsenen gelernt werden. Es gibt Geschichten, die Kinder immer wieder hören wollen, oft täglich. Erfüllen Sie Ihrem Kind diesen Wunsch, auch wenn Sie das Märchen langweilt. Kinder im Vorschulalter lernen über ständiges Wiederholen und brauchen ihre eigene Zeit für die Verarbeitung, das Begreifen! Kinder werden damit bestens für den Alltag gerüstet. Mitschauen, Zuhören und das emotionale Verarbeiten der Geschichte fördert auch die kognitiv-emotionale und die soziale Entwicklung und die Konzentration. Kinder, die zu oft und zu lange alleine vor den Fernseher sitzen, nehmen die Inhalte zwar passiv auf, können diese aber nicht reflektieren, sind oft körperlich unruhig, da unausgelastet, und ahmen ihre Figuren ungefiltert in Sprache und Gestik nach. Sie verlernen, sich selbst zu beschäftigen und ihre Fantasie im Spiel auszuleben.

Nicht nur Vorlesen und gemeinsam Filme und Bilderbücher anschauen, auch Ausflüge in die Natur, die die Neugierde fördern und körperliches Austoben ermöglichen, lassen Kinderherzen höherschlagen! Eltern erleben dann, wie es aus dem Kindermund nur so heraussprudelt, was es alles entdeckt und ausprobiert, und wie viele Fragen das Kind hat.

Diese Aktionen sind manchmal anstrengend für die Erwachsenen, aber die beste Schule des Lebens für ihr Kind.

FAZIT:
Jedes Kind hat das Recht, ernst genommen zu werden. Eltern sollten ihr Kind fördern, aber nicht über- oder unterfordern, sie sollten ihm seine Welt zeigen, sie erfahren und begreifen lassen und seine Fragen altersgerecht beantworten.

Kinder im Vorschulalter sprechen oft schneller als sie denken können. Da gibt es dann Wortverdreher, Silbenverschlucken, Stammeln oder Stottern. Das Kind sollte nicht ausgelacht oder ständig korrigiert werden. Das würde es nur verunsichern. Besser ist der Satz: „Lass dir Zeit, sag es einfach noch mal." Sollten Stammeln, Stottern oder Lispeln aber nach ein paar Wochen nicht aufhören, sprechen Sie bitte mit dem Kinderarzt darüber, ob Ihr Kind einen Logopäden oder einen Kinderpsychologen aufsuchen sollte.

Hinter diesen Sprachauffälligkeiten können sowohl motorische und genetische, aber auch seelische Ursachen stecken. Sprache spiegelt die Beziehung – jedes vierte Kind zwischen sechs und sieben Jahren, das sprachauffällig ist, hat bereits psychische Probleme. Da hilft dann keine Logopädie, sondern eine Kinder- und Familientherapie.

TIPP:
- Sprechen Sie viel mit Ihrem Kind und hören Sie ihm zu! Schauen Sie gemeinsam Bilderbücher an. Lassen Sie Ihr Kind nicht alleine fernsehen und wählen Sie gute Kindersendungen aus.
- Steigen Sie in seine Fantasiewelt ein und beteiligen Sie Ihr Kind im Alltagsleben: Singen und Wortspiele spielen kann man auch während der Hausarbeit oder längeren Autofahrten, wie das Spiel „Ich sehe was, was du nicht siehst". Sprechen Sie in ganzen Sätzen, in Ich- und Du-Form, vermeiden Sie Ironie und Doppeldeutigkeiten sowie sexistische Ausdrücke. Das gesprochene Wort ist für das Vorschulkind die Wahrheit.
- Sprechen sollte nicht gelehrt werden, das geschieht über die Interaktion.
- Achtung: So wie man spricht, schallt das Echo zurück! Eltern sind ein Modell.

Die Sprache des Schulkindes

Ab dem sechsten Lebensjahr findet allmählich eine Abkehr vom egozentrischen Sprechen und Denken statt hin zum vorausschauenden Denken und Hinterfragen. Die Fantasiewelt weicht der realen Weltsicht. Das Schulkind tritt in eine neue Gruppierung mit anderen Kindern ein. Das spielerische Miteinander wird sich verändern zum Lernverhalten und Konkurrenzdenken. Der Wortschatz wird bereichert, allerdings nicht immer zum Positiven. Jetzt werden die Gleichaltrigen oder älteren Kinder auf dem Schulhof zum Sprachmodell! Viel Neues muss verarbeitet werden, sowohl kognitiv (also das Denken, Erkennen, Wahrnehmen betreffend) wie emotional. Soziale Einsicht, sich anpassen, Konzentration und selbstständiges Lernen fordern jetzt das Kind. Zu Hause will es aber noch Kind sein und das Elternhaus als sicheren Hafen empfinden, wo es auch seine Sorgen und Emotionen zeigen darf.

Das Schulkind lernt jetzt, seine Gedanken, Empfindungen und Gefühle verbal auszudrücken. Es kann psychologische Begriffe auf sich selbst und andere anwenden. Es kann besser abwarten, sich immer mehr in den emotionalen Zustand eines anderen hineinversetzen und Zwischentöne in der Sprache deuten: „Wenn meine Mama so laut wird und mich schimpft, dann hat sie sich wieder über Papa geärgert." Das Kind kann jetzt zuhören und sich auch in die Lage des anderen versetzen. Es erkennt, dass Dinge aus der Vergangenheit oder noch bevorstehende Ereignisse sein Verhalten beeinflussen. Es ist nun gruppenfähig geworden, nicht mehr so egozentrisch wie als Kleinkind und muss nicht mehr immer im Mittelpunkt stehen. Das Kind entwickelt Antennen für die Bedürfnisse der anderen. Es kann sich in die Lage des Sprechers versetzen, und man kann mit einem Schulkind jetzt richtig diskutieren, sollte seine Meinung aber auch ernst nehmen. Es nimmt auch sein Verhalten unter die Lupe und wird immer kritikfähiger – allerdings auch seinen Eltern gegenüber.

Ein selbstbewusstes Kind wird viele Fragen stellen und auch das elterliche Verhalten immer mehr hinterfragen. Es ist neugierig, wissbegierig und aufgeschlossen, auch anderen Erwachsenen gegenüber. Es lernt, sich selbst einzuschätzen und zu seinen Stärken oder Schwächen zu stehen. Emotionen traut es sich in der Ich-Form anzusprechen und kann abwarten, wenn Konflikte nicht sofort gelöst werden können. Es hat eine Frustrationstoleranz entwickelt.

Ein unsicheres Kind mit niedrigem Selbstwert wird sich sprachlich zurücknehmen, es versteckt sich hinter der Wir-Form und wird sich schnell einschüchtern lassen. Oder es fühlt sich angegriffen und wird aggressiv reagieren. Es hat eine niedrige Frustrationsschwelle. Kann es sich sprachlich noch nicht altersgemäß ausdrücken, kann es schnell zum Außenseiter in seiner Gruppe werden.

Diese Außenseitererfahrungen werden in der Pubertät noch ausgeprägter wirken und können einen Menschen sein Leben lang begleiten, wenn er keine Chance zur Veränderung bekommt.

Ab dem achten Lebensjahr ist das Kind in seinen erweiterten geistigen Fähigkeiten nun fähig zu abstrahieren. Es erlebt sich in Wechselwirkung mit den anderen Menschen, nicht mehr nur mit seinen Familienmitgliedern. Es stellt sich Natur-, Lebens- und Wissensfragen und interessiert sich zunehmend für menschliche Schicksale. Es kann zwischen äußeren Ereignissen, den Reaktionen darauf und dem inneren Erleben unterscheiden. Das ist ein großer Reifeschritt in der Entwicklung. Bis zum sechsten Lebensjahr denkt das Kind z.B. „Wer lacht, ist glücklich, wer schreit, ist böse." Das ältere Kind kann nun zwischen Verhalten und Gefühlen differenzieren. Es weiß jetzt, dass die Worte nicht immer mit der Mimik und dem Verhalten übereinstimmen. Das kann es irritieren, aber es kann diese Erkenntnis auch aufdecken und nachfragen.

Leider haben viele Erwachsene nicht gelernt, offen in ihrer Familie über ihr Empfinden zu reden. Aus Angst, ihre wahren Bedürfnisse und Emotionen zu zeigen, kommunizieren sie indirekt und oft anklagend. Kinder spüren, dass etwas nicht stimmt, und können darauf sehr verunsichert oder aggressiv reagieren. Sie werden, wenn sie älter werden, das Verhalten ihrer Eltern immer mehr infrage stellen, kritisieren und in Widerstand gehen. Spätestens jetzt sollten Eltern lernen, offen und nachvollziehbar zu kommunizieren und sich Konflikten zu stellen. Sie sollten sich selbst und ihr

Kind als Familienmitglied respektieren. Durch einen fairen Umgang miteinander, getragen mit Respekt und Wertschätzung, werden sie ihrem Kind somit ein Vorbild sein.

Offene Kommunikation und ihre Auswirkungen

Wahrnehmungskanäle

Sprechen ist Verhalten, Schweigen ebenfalls. Sprechen geschieht über die Zungenmotorik, was wir inhaltlich mitteilen wollen und wie wir etwas sagen, wird über die Worte und den Tonfall übermittelt und bestimmt somit das Sprachverständnis. Die Informationen werden aber nicht nur über die Worte weitergegeben, sondern auch über Körperhaltung, Gestik und Mimik. Es gibt dabei in der Kommunikation einen Sprecher und einen Zuhörer oder – kommunikationswissenschaftlich ausgedrückt – einen Sender und einen Empfänger.

Verhalten und damit auch Kommunizieren steht immer in Wechselwirkung! Was jemand sagt und wie es bei dem anderen ankommt, aktiviert noch andere Wahrnehmungskanäle, also nicht nur das Sprechen und Hören. Was sehe ich als Empfänger, was verstehe ich, wie fühlt sich das an und wie interpretiere ich das Gesagte. Der Sender wiederum verlässt sich auf das, was er sagt, und bemerkt oft nicht, wie er das Gesagte in Tonfall, Gestik und Mimik vermittelt und wie es bei dem Empfänger ankommt. Wir kommunizieren also immer mit all unseren Wahrnehmungskanälen! Je älter der Mensch wird, desto mehr hat er gelernt, ganz auf die Worte zu vertrauen. Erwachsene kommunizieren somit überwiegend verbal-kognitiv.

Kleinkinder haben noch sehr eingeschränkte Möglichkeiten, sich verbal auszudrücken, und kommunizieren über Blicke, Gesten und Mimik, also nonverbal. Wenn sie sich nicht verstanden fühlen oder ihre Bedürfnisse nicht erfüllt werden, erkennen die Erwachsenen dies schnell an ihren Gefühlsausbrüchen. Vorschulkinder sind zwar der Sprache mächtig, nehmen aber alles noch wortwörtlich und auf sich bezogen. Sie können Doppeldeutigkeiten oder indirekte Kommunikation nicht verstehen. Über alle Wahrnehmungskanäle versuchen sie Aufmerksamkeit zu erlangen und sich bestärkende Informationen zu holen.

Deshalb ist es wichtig, mit dem Klein- und dem Vorschulkind auf Augenhöhe zu sprechen, es anzuschauen, zu berühren oder es in den Arm zu nehmen und auf die eigenen Wahrnehmungskanäle zu achten.

Wie schnell ist etwas dahingesagt und der Erwachsene wundert sich über die Reaktion des Empfängers. Das Kind versucht, dem Elternteil etwas zu vermitteln, die Botschaft kommt aber nicht an und das Kind reagiert traurig oder wütend. Viele Missverständnisse führen zu emotionalen Reaktionen. Werden diese nicht aufgedeckt, kann auch das Kind nicht lernen, offen zu kommunizieren.

Viele Erwachsene reagieren bei Missverständnissen in der Kommunikation oder Kritik emotional immer noch wie Kleinkinder. Das beeinträchtigt die Paarbeziehung und die kollegialen Beziehungen und bedeutet permanenten emotionalen Stress. In solch einem Fall sind Mediatoren und Coaches gefragt.

TIPP:
Nehmen Sie sich etwas Zeit und trainieren Sie wieder Ihre Wahrnehmungskanäle, um offen und nachvollziehbar kommunizieren zu können. Somit können Sie ein Vorbild für Ihr Kind (und Ihren Partner) sein. Die Familie ist wie ein Mobile. Fängt einer an sich zu bewegen und etwas zu verändern, bewegen sich die anderen mit!

Üben der Wahrnehmungskanäle

Nehmen Sie sich vor, die nächsten fünf Minuten immer eine Minute lang Ihre Wahrnehmungskanäle einzeln einzusetzen.

- Was sehe ich gerade?
  Beschreiben Sie genau, was Sie sehen. Und nicht „Was meine ich zu sehen", „Was will ich nicht sehen".
- Was höre ich gerade?
  Beschreiben Sie genau, was Sie hören, nicht „Wie höre ich es gerne?", „Was sollte ich überhören?"

- Was rieche oder schmecke ich gerade?
  Was für Empfindungen und Erinnerungen löst dies in
  mir aus?
- Was spüre und empfinde ich gerade?
  Versuchen Sie ehrlich zu sich selbst sein. Wie oft wollen
  Sie Empfindungen nicht wahrhaben, weil sie jetzt lästig
  sind oder gar nicht sein dürfen.
- Wie denke ich in diesem Moment über das, was ich
  gerade sehe, höre und empfinde?
  Versuchen Sie nicht zu interpretieren und nicht zu werten. Das ist sehr schwer, da blitzschnell alle Erfahrungen
  aus der Vergangenheit und Erwartungen oder Befürchtungen an die Zukunft das Denken beeinflussen!
- Wie drücke ich das aus, was ich sehe, höre, empfinde
  und darüber denke?
  „Ich sehe und höre … (rieche, schmecke, berühre)
  und empfinde … und denke mir …"

Fassen Sie Ihre Wahrnehmung und Ihre Empfindungen
und Gedanken darüber zusammen und sprechen Sie sie
nun einmal offen aus.

Das wird als „offene und kongruente Kommunikation" bezeichnet, da sowohl dem Sender als auch dem Empfänger
alle Wahrnehmungskanäle geöffnet werden.

Kleine Kinder kommunizieren noch mit allen Kanälen, sie
beschreiben, was sie im Moment sehen, hören, riechen,
schmecken, wie sie empfinden, was sie begreifen.

Ältere Kinder und Erwachsene haben gelernt, ihre Wahrnehmung sofort zu bewerten, zu interpretieren, ihre Kommentare abzugeben. Sie meinen, nur ihre Sicht der Dinge sei richtig! So kommt es zum Widerstand des Empfängers, also des Gesprächspartners. Denn der macht ja dasselbe und meint ebenfalls, nur seine Denkweise sei richtig. Dann wird Kommunikation anstrengend und führt sehr schnell zu Missverständnissen oder Streit.

Viele Menschen meinen genau zu wissen, wie ihr Kind oder ihr Partner denken und fühlen sollte, und vermitteln dies in ihrer Sprache „Das musst du so sehen", „Das darf man nicht denken", „Ein Junge ist doch kein Angsthase". Oder Erwachsene werden „blind" auf ihren Wahrnehmungskanälen und sehen nur noch die eine Seite, das Verhalten, das sie ärgert oder enttäuscht, und erziehen mit Anklage und Befehlen wie „Nie machst du …", „Du bist böse, schusselig", „Mach endlich, was ich sage!" Erwartungen, Sorgen und Ängste tragen ebenso dazu bei, dass man in der Familie „betriebsblind" werden kann.

TIPP:
Öffnen Sie Ihre Wahrnehmungskanäle, versetzen Sie sich in die Lage Ihres Kindes oder Ihres Partners. Versuchen Sie auch mal mit den Augen, Ohren und dem Bauchgefühl des anderen Familienmitgliedes wahrzunehmen. Das erweitert Ihre Wahrnehmung und trägt zum Verständnis und Mitgefühl bei.

Üben der Wahrnehmungskanäle mit der Familie

Damit auch die anderen Familienmitglieder ihre Wahrnehmungskanäle üben, können Sie ein Spiel für alle daraus machen. Das können Sie spielen beim Essen, in der Warteschlange vor der Kasse oder bei einer längeren Autofahrt. In der Natur macht ein Wahrnehmungstraining besonders viel Spaß! Jeder Kanal wird immer eine Minute geübt und der andere darf sofort stoppen, wenn eine Wertung oder Interpretation erfolgt: „Ich sehe, dass du grantig schaust." Stopp! „Ich sehe auf deiner Stirn Falten!" oder „Ich höre deine Wut." Stopp! „Ich höre deine laute Stimme und denke mir, du bist wütend." Super!

Anfangs wird es viele Stopps geben, aber Übung macht den Meister und reinigt und schärft die Wahrnehmungskanäle! Schon ab vier Jahren machen Kinder gerne mit und sind gute Beobachter. Erwachsene entdecken schnell, wie schwer es fällt, „nur" seine Wahrnehmung zu beschreiben und nicht zu werten.

Ziel des gemeinsamen Wahrnehmungsspiels ist es, zu erleben, im Augenblick zu bleiben, in der täglichen Kommunikation seine Interpretationen über die Wahrnehmungskanäle zu überprüfen und genau hinzuhören, was der andere gerade wahrgenommen hat, bevor man antwortet. Diese Vorbereitung ist die Voraussetzung für die offene und kongruente, vereinfacht gesagt nachvollziehbare, Kommunikation, für das Zuhören mit dem „dritten Ohr", für Familiengespräche und für das faire Konfliktgespräch.

Beispiele

Erste Situation:

Die vierjährige Anna sitzt beim Abendessen vor ihrem Teller und stochert in ihrem Essen herum.

Mutter A sagt: „Anna, nicht schon wieder das Theater! (laute Stimme) Iss endlich, sonst gehst du ohne Gutenachtgeschichte sofort ins Bett!" (sie hebt drohend den Zeigefinger)

Wie wird Anna reagieren? Sicher auch emotional wie ihre Mutter, es wird einen Konflikt geben.

Mutter A ist verärgert. Sie sieht nur das Stochern und denkt, ihre Tochter mag nicht essen und will sie provozieren.

Mutter B sagt: „Anna, ich sehe du stocherst in deinem Essen herum, du schaust nach unten und ich höre, wie du leise sagst ‚Ich mag nichts'. Da denke ich mir, du bist müde und hast keinen Hunger, stimmt das? Oder schmeckt es dir nicht?"

Mutter B ist aufmerksam in ihrer Wahrnehmung und beschreibt diese ihrer Tochter, so bleibt sie emotional gelassen und ihre Tochter kann sagen, was der Grund ist. Es wird konfliktfrei eine Lösung gefunden werden. Mutter B bleibt im Kontakt mit ihrem Kind und ist bereit, auf die Bedürfnisse des Kindes einzugehen, somit bleibt auch Anna emotional gelassen!

Mutter A ist durch ihre Interpretation „Theater machen" blockiert und kann die anderen Wahrnehmungskanäle nicht mehr einsetzen – mit dem Ergebnis von unangenehmen Emotionen auf beiden Seiten. Anna wird wütend werden über die angedrohte Konsequenz „keine Gutenachtgeschichte". Sie fühlt sich missverstanden, das Verhalten wird sich gegenseitig aufschaukeln, somit kommt es zu einem Konflikt.

Zweite Situation:

Der neunjährige Peter sitzt über seinen Hausaufgaben. Er stöhnt und schiebt sein Mathebuch weg: „Blödes Mathe, ich kann das nicht."

Mutter A sagt: „Peter, konzentriere dich! Wenn du dich anstrengst, kannst du das auch. Es gibt kein blödes Fach! Du hast nur keine Lust und immer nur dein Fußball im Kopf." (die Stimme wirkt gereizt, die Betonung ist belehrend)

Mutter B sagt: „Peter ich sehe, dass du deinen Kopf aufstützt, dein Mathebuch wegschiebst und ‚Blödes Mathe!' sagst und denke mir, dir fällt Mathe heute schwer, weil du dich so auf euer Fußballspiel freust. Vielleicht hilft dir eine kleine Pause?"

Mutter B versucht, ihre Wahrnehmung offenzulegen und diese auch zu beschreiben. Sie bewertet das Verhalten von Peter nicht und moralisiert nicht, sie spürt, dass er blockiert und abgelenkt ist.

Peter fühlt sich verstanden und nicht abgewertet. Die kleine Pause und die Freude auf sein Fußballspiel motivieren ihn, es noch mal zu versuchen. Oder die beiden finden eine andere Lösung. Sie bleiben beide in freundlichem Kontakt.

Bei Mutter A fühlt sich Peter kritisiert und abgewertet, das wird seine Lernmotivation nicht erhöhen. Er fühlt sich vielleicht gekränkt, wird ärgerlich reagieren und Mathe bleibt erst recht ein blödes Fach für ihn. Er will nur noch zum Fußball. Es werden auf beiden Seiten emotionale Argumente kommen, die den Konflikt – Mathe/Fußball – nicht befriedigend lösen werden.

Vielleicht denken Sie jetzt: Das ist doch unnatürlich, so zu reden, das nimmt doch viel zu viel Zeit in Anspruch! Die offene Kommunikation erleichtert aber, die emotionalen Botschaften des Kindes zu erkennen, und hilft, dass der Elternteil seine Gedanken, Wahrnehmungen und Emotionen beschreiben und somit Bewertungen und negative Emotionen vermeiden kann. Beide bleiben im positiven Kontakt.

Schnelle Schlussfolgerungen und Urteile über das kindliche Verhalten führen zu Missverständnissen, emotionalen Belastungen und Konflikten. Das kostet viel mehr Zeit und verbraucht viel zu viel Energie. Vor allem leidet die Beziehung zwischen Kind und Eltern. Auch neues Verhalten wird somit nicht gelernt oder nur mit viel Widerstand.

Im Erwachsenenleben wird die Kommunikation selten offen und konstruktiv ablaufen. Es wird allgemein wechselseitig schnell interpretiert und gewertet, nach dem Motto „Man kennt ja seine Mitmenschen". Kein Wunder, dass sich dann jeder ständig rechtfertigt oder zum Gegenangriff startet und Missverständnisse entstehen. Diese verdeckte und destruktive Kommunikation wird als anstrengend empfunden und macht wütend oder frustriert.

FAZIT:
Haben Sie Mut, üben Sie die offene Kommunikation!

Ihr Kind wird sich verstanden, angenommen und respektiert fühlen. So ist es motiviert und bereit, Ihnen ebenfalls seine Wahrnehmung, seine Empfindungen und Gedanken mitzuteilen, ohne Angst verurteilt oder nicht geliebt zu werden.

Offene Kommunikation ist ein Türöffner zum Herzen! Sie festigt den Selbstwert Ihres Kindes, verbessert die Beziehung und macht Ihr Kind selbstkritisch und frei von der Meinung anderer. Diese wichtige Erfahrung sollten Eltern ihren Kindern tagtäglich ermöglichen, so früh wie möglich!

Auch Erwachsene lernen täglich über das Reflektieren ihrer Kommunikation und ihres Verhaltens. In offenen Familien findet täglich ein Lernprozess durch Austausch statt – die beste Schule des Lebens für das Kind. In geschlossenen Familiensystemen müssen sich alle starren Regeln anpassen, um zu überleben, eine offene Kommunikation kann somit nicht gelernt werden.

Daher ist es wichtig, sich auch einmal Freiheiten zu gönnen. Die folgenden „fünf Freiheiten" sollte Ihre ganze Familie beherzigen und darauf achten, sie sich im Alltag auch immer zu nehmen:

Die fünf Freiheiten
- Die Freiheit zu sehen und zu hören, was jetzt ist, anstatt, was sein sollte, was war oder was sein wird!
- Die Freiheit zu fühlen, was ich fühle, anstatt zu fühlen, was man fühlen sollte!
- Die Freiheit zu sagen, was ich fühle und denke, anstatt, was ich fühlen und denken sollte!
- Die Freiheit, danach zu fragen, was ich gerne möchte, anstatt immer auf Erlaubnis zu warten!
- Die Freiheit auszuprobieren, seinen eigenen Weg zu gehen, anstatt immer nur auf Nummer sicher zu gehen!

Zuhören mit dem „dritten Ohr"

Achtet man immer besser auf seine Wahrnehmungskanäle, wird man damit aufmerksamer gegenüber den versteckten Botschaften des Gesprächspartners, also seinen nicht direkt ausgesprochenen Wünschen, Bedürfnissen und Empfindungen. Wir spüren, da gibt es noch etwas hinter den Worten oder Handlungen, das der andere verbirgt, sich nicht traut zu sagen oder es ihm vielleicht gar nicht bewusst ist. Man nennt das auch Bauchgefühl oder Intuition.

Es gibt viele Erwachsene, die als Kind, nicht erfahren und gelernt haben, offen zu kommunizieren. Ihre Botschaft lautet: „Wie es in mir ausschaut, geht niemand etwas an." Erwachsene können Meister im Verbergen sein und kommunizieren verdeckt und unschlüssig. Im Berufsleben mag es Standard sein, in einer Familie hat es negative Folgen. Kinder spüren, ob die Erwachsenen „so tun als ob" oder ehrlich und nachvollziehbar im Handeln und Kommunizieren sind.

Mitteilen von Bedürfnissen, Wünschen und Emotionen

Kinder im Vorschulalter sind noch sehr offen. Sie sagen, was sie denken, und setzen dabei alle Wahrnehmungskanäle ein. „Kindermund tut Wahrheit kund" ist eine gängige Redewendung.

Die Emotionen eines Kleinkindes sind offensichtlich, aber es tut sich in seiner Selbstregulation noch schwer. Dazu braucht es das Verständnis und das Mitgefühl eines Erwachsenen und eine sichere Bindung. Zwischen dem dritten und fünften Lebensjahr kann es seine Gemütsbewegungen immer besser regulieren und benennen. Das ältere Kind hat schon erfahren, dass die Erwachsenen auf seine Emotionen unterschiedlich reagieren. Ein sicher gebundenes und selbstbewusstes Kind hat durch die offene Kommunikation seiner Eltern gelernt, dass es seine Bedürfnisse und Emotionen mitteilen darf. Es hat damit eine Frustrationstoleranz aufgebaut und ist ab dem sechsten Lebensjahr fähig, sich in andere Menschen hineinzuversetzen und mit Mitgefühl zu reagieren.

Ein Kind in einer Familie, in der keine oder kaum Kommunikation stattfindet, hat erfahren, dass seine Wünsche und Bedürfnisse nicht ernst genommen werden. Es hat wenig Trost und Mitgefühl erlebt, wurde vielleicht verspottet oder ausgelacht oder musste immer um die Aufmerksamkeit und Liebe betteln. Es hat gelernt: „Wie es mir geht, interessiert keinen, ich bin nur erwünscht, wenn ich mich still verhalte und so funktioniere, wie mich meine Eltern haben möchten." Oder es hat erfahren, dass Worte nicht helfen, sondern nur Taten, wenn es bemerkt werden möchte. Diese unsicher gebundenen Kinder haben Schwierigkeiten sich in Gruppen anzupassen, da sie emotional im Kleinkindalter stecken geblieben sind. Sie zeigen eine niedrige Frustrationstoleranz, können sich verbal nicht ausreichend ausdrücken und versuchen sich über aggressives Verhalten (schlagen, schreien, Hyperaktivität) oder passives Verhalten (weinen, sich zurückziehen, antriebslos sein) durchzusetzen. Kommen dann noch Sprachprobleme durch einen Migrationshintergrund hinzu, brauchen diese Kinder oft professionelle Hilfe für das Erlernen von emotionaler Selbstregulation. Sie benötigen klare Strukturen und klare Anweisungen und viel Wertschätzung, um Vertrauen durch die Kommunikation zu bekommen.

FAZIT:
Die Qualität der Eltern-Kind-Bindung beeinflusst also schon früh die Sprachentwicklung, die emotionale Entwicklung und den Selbstwert eines Kindes. Da das soziale Lernen bis zum vierten Lebensjahr in seiner Basis angelegt wird, sind wir Eltern gefordert, mit einer stabilen Bindung, verlässlichem, nachvollziehbarem Verhalten und einer offenen Kommunikation dem Kind diese Basis zu ermöglichen.

Kindern bis zum sechsten Lebensjahr fällt es noch schwer, ihre Empfindungen verbal auszudrücken. Als Eltern und Großeltern sollten wir immer ein offenes Ohr haben, wenn das Kind uns etwas mitteilt. Gutes Zuhören erfolgt über den Einsatz aller Wahrnehmungskanäle!

Kleinkinder zeigen ihre Emotionen noch über ihre Gestik und Mimik. Um sie zu beurteilen, hilft der Sehkanal.

Schulkinder haben schon gelernt, sich hinter den Worten zu verstecken. Die Jungen werden „cool" und sind nicht mehr so mitteilungsbereit. Mädchen orientieren sich an ihren Gleichaltrigen, werden eher „zickig" und wollen viel mit ihren Freundinnen ratschen. Jetzt wird das Bauchgefühl der Türöffner sein, der Hör- und der Empfindungskanal sollten beim Zuhören geschärft werden.

Zeit nehmen für Bedürfnisse und Wünsche

Kinder sollten in jedem Alter das Gefühl vermittelt bekommen, dass es mit allem, was es beschäftigt, zu den Eltern oder Großeltern kommen darf und ein offenes Ohr vorfindet. Das erfordert Zeit und genau diese fehlt so vielen Eltern quer durch alle Bildungsschichten.

Gespräche finden im Hier und Jetzt statt, wenn der Schuh drückt, d.h., wenn Mamas Handy während der Arbeit klingelt, haben die kindlichen Kümmernisse Vorrang! Kinder wollen aber nicht ausgefragt werden, schon gar nicht, wenn sie gerade von der Schule heimkommen. Zuhören erfordert vom Zuhörer auch die Disziplin, nicht sofort zu werten, zu kommentieren, alles besser zu wissen und sofort Lösungen parat zu haben, sonst kann das Kind nicht seine wahren Empfindungen erkennen und mitteilen.

Setzen Sie beim Zuhören mit dem dritten Ohr die Erkenntnisse aus dem vorhergehenden Kapitel über die Wahrnehmungskanäle, die fünf Freiheiten und Ihr Bauchgefühl ein!

Übungen

1. Situation:

Die siebenjährige Anna kommt vom Spielplatz nach Hause. Sie stürmt herein und sagt ganz aufgeregt: „Mama, die Gitta will nicht mehr mit mir spielen, die ist so gemein!"
Wie würden Sie antworten?

- „Ach, das wird schon wieder, war ja nicht das erste Mal."

- „Das ist doch nicht so tragisch, du wirst schon auch Schuld haben, wenn sie dich nicht mehr mag."
- „Die ist doch doof, such dir eine andere Freundin."
- „Wasch dir schnell die Hände, das Abendbrot ist schon fertig."

Mit diesen Antworten zeigen Sie Ihrem Kind, dass Sie zwar zugehört haben, aber Sie haben auch Ihren Kommentar dazugegeben oder bei der letzten Antwort sogar vom Anliegen abgelenkt.

Wie wird Anna bei diesen Antworten empfinden?
- „Mama ist es nicht so wichtig, wie es mir geht." (traurig)
- Sie sucht die Schuld bei sich. (ärgerlich, verteidigt sich)
- „Mama versteht meinen Kummer gar nicht, Gitta ist doch meine Lieblingsfreundin." (enttäuscht)
- „Mama hört mir gar nicht zu, das Essen ist ihr wichtiger." (zieht sich zurück)

Antworten mit dem dritten Ohr:
- „Komm her zu mir, du siehst ja ganz enttäuscht aus. Magst du mir erzählen, was passiert ist?"

Die Mutter hat ihren Seh- und Hörkanal eingesetzt. Wie empfindet Anna jetzt?
Anna fühlt sich angenommen und verstanden, ihr Gefühl der Enttäuschung wurde erkannt. Sie spürt die Fürsorge

der Mutter und kann ihren Kummer loswerden. Da die Mutter nicht wertet oder ablenkt, kann Anna die Situation schildern, reflektieren und erkennt vielleicht ihren Anteil an dem Konflikt. So kann sie selbst eine Lösung finden und erkennt, dass jeder anders empfindet, Gitta also auch eigene Empfindungen hat.

Zeitlich gesehen benötigten alle Antworten dieselbe Zeit. Die Antwort mit dem dritten Ohr ermöglichte Anna, sich emotional zu öffnen, sich angenommen zu fühlen und zu einer Lösung zu kommen.

2. Situation:

Die achtjährige Cornelia soll den Saft aus dem Keller holen. Sie sagt mit weinerlicher Stimme: „Ich geh da nicht runter". Mögliche Antworten der Mutter:

- „Stell dich nicht so an, du bist doch alt genug!"
- „Immer muss ich alles alleine machen, du könntest auch mal helfen!"
- „Na gut, dann gibt es eben keinen Saft zum Essen."
- „Dann mach ich auch heute nichts für dich."

Wie wird Cornelia diese Antworten empfinden?

- Sie fühlt sich abgewertet.
- Sie fühlt sich ungerecht behandelt, da sie sonst gerne hilft.
- Das ist wie eine Bestrafung, sie wird ärgerlich werden.

- Das ist bedrohlich und wie eine Erpressung, sie wollte doch mit der Mama spielen, sie ist verunsichert.

Antworten mit dem dritten Ohr:
- „Hallo, Cornelia. Was ist los, du sprichst so weinerlich, hast du etwa Angst vor dem Keller?"

Die Mutter hat ihren Hörkanal eingesetzt, die weinerliche Stimme lässt sie vermuten, dass Cornelia Angst hat.
Wie empfindet Anna jetzt?
Sie ist erleichtert, sie hat wirklich heute Angst vor dem Keller, da ihr älterer Bruder gestern eine Gruselgeschichte erzählt hat, in der ein Mädchen im Keller eingesperrt war. Die Angst spürte sie erst bei der Aufforderung und konnte sie noch nicht so schnell benennen. Ohne das dritte Ohr der Mutter wäre das Verhalten von Anna als Verweigerung interpretiert worden. Durch die Empfindungen bei den vorhergehenden Antworten hätte sie sich wahrscheinlich nicht mehr getraut, der Mutter zu sagen, dass sie Angst hat.

3. Situation:
Weckzeit am Morgen. Der zehnjährige Benno bleibt liegen und erklärt: „Ich kann heute nicht in die Schule gehen". Beim dritten Mal Wecken sagt er gereizt: „Mama, lass mich in Ruhe, du nervst!"
Antworten:
- „Benno, steh sofort auf, es wird nicht geschwänzt!"

- „Was ist los mit dir, du gehst doch sonst gerne in die Schule?"
- „Du siehst nicht krank aus, raus mit dir!" (sie fühlt seine Stirn)
- „Wir müssen auch zur Arbeit, wenn wir keine Lust haben!"

Wie empfindet Benno?
Es wird ihm unterstellt, dass er schwänzen möchte, das ärgert ihn. Er hört einen Appell, der für ihn nicht stimmt, und eine Frage, die er so schnell nicht beantworten kann. Er fühlt sich nicht angenommen, er fühlt sich krank.

Dieser Vergleich führt weg von seinem jetzigen Empfinden, er wird wütend und sagt „Hau ab", er geht in Widerstand.

Antworten mit dem dritten Ohr:
Die Mutter setzt sich an den Bettrand und berührt seine Stirn.

- „Benno, was ist los? Du siehst nicht krank aus, deine Stirn ist kühl. Ich vermute, du kannst nicht aufstehen, weil dich etwas beschäftigt. Hat es mit der Schule und der Ex heute zu tun?"

Die Mutter bleibt in Kontakt mit Benno und gibt ihm die Chance, sich durch ihr offenes Zuhören zu besinnen, was der Grund, was sein Empfinden ist. Er hat Vertrauen, der Mutter zu sagen, dass er Angst vor der Mathe-Ex hat, weil er zu wenig gelernt hat. Die Angst ist der Grund, dass ihm übel ist und er sich krank fühlt. Mit der Mutter zusammen werden beide eine Lösung finden, die zur Situation und zu Benno passt. Benno fühlt sich verstanden und angenommen und ist somit bereit, die Konsequenzen einzusehen: Wer nicht lernt, möchte eine Prüfung vermeiden, Angst ist im Magen spürbar. Er wird sich der Ex stellen und weiß jetzt, dass er mehr lernen sollte. Die schlechte Note wird akzeptiert. Er muss nun keine Angst mehr davor haben.

FAZIT:

- Eltern fallen Antworten mit dem dritten Ohr schwer. Zum einen ist man es nicht gewohnt so zuzuhören und denkt sofort lösungsorientiert, gibt Ratschläge, Appelle oder reagiert verärgert mit Befehlen, Strafandrohungen oder Liebesentzug.
- Wie Sie aber zuhören und antworten, auch in schwierigen Situationen, hat unterschiedliche Auswirkungen auf der emotionalen Seite sowohl beim Kind als auch bei den Eltern.
- Bei einer offenen Kommunikation bleiben Sie in Kontakt mit Ihrem Kind und werden emotional in positiver Verbindung bleiben. Der Gesprächspartner fühlt sich angenommen, seine emotionale Befindlichkeit wurde erkannt. Das ermutigt, sich zu öffnen und Lösungen selbst

▶

zu finden. Er ist bereit, zu seinen Gedanken und Gefühlen zu stehen und diese offen auszusprechen.
■ Antworten als Befehle, Deutungen und Appelle lösen
auf beiden Seiten eher belastende Emotionen aus, ältere Kinder gehen schnell in den Widerstand, es entstehen Konflikte. Eine gute und faire Lösung ist dann oft
nicht mehr möglich.

Arten des Zuhörens

Laut Untersuchungen verbringen Erwachsene 45 % des
Tages mit Zuhören! Fragt sich nur, wie zugehört wird. Es
gibt Familien, in denen hört keiner dem anderen richtig
zu. Jeder redet drauflos, unterbricht den anderen, lenkt
vom Thema ab, interpretiert oder weiß alles besser. Diese
Art der Kommunikation ist anstrengend, keiner fühlt sich
wirklich gehört oder verstanden. Es geht zu wie im Bie-
nenschwarm, wenn die Familie zusammen ist.
Emotionale Botschaften kommen erst gar nicht an oder
werden negiert. Auf die Dauer ist das sehr frustrierend.
Es gibt Familien, in denen nur einer das Sagen hat, die anderen müssen sich anpassen. Es werden Befehle erteilt und
lediglich Informationen ausgetauscht. Das Klima ist eher
kühl und Kinder lernen, am besten wenig zu sagen, dann
gibt es auch wenig Ärger. „Wie es mir geht, interessiert
sowieso keinen" – auch das ist frustrierend.

Es gibt Familien, die über bestimmte Themen nicht reden. Es gibt viele starre Regeln und Tabus, „Darüber spricht man nicht", „Wir haben das immer schon so gemacht", „Solange du die Füße unter unserem Tisch hast …", „Da wird gar nicht diskutiert", „Das geht niemanden etwas an". In all diesen Satzbeispielen werden Kinder nicht lernen, offen zu kommunizieren, und verunsichert reagieren.

Es gibt aber auch Familien, in denen die Eltern besten Willens sind, für ihre Kinder und deren Bedürfnisse, Sorgen sowie Nöte dazusein und zuzuhören, doch es fehlt die Zeit! Beide Eltern sind berufstätig, die Nachmittage der Kinder sind verplant und am Wochenende gibt es Freizeitstress, weil jeder etwas anderes möchte. Das Kind lernt daher, mit anderen Menschen zu reden. Vielleicht hören die Erzieherinnen oder das Kindermädchen zu, und wenn es Glück hat, gibt es noch einen Großelternteil, der zuhört. Aber auch diese Generation ist oftmals entweder noch berufstätig oder schon im Rentnerstress, will noch so viel erleben und auf keinen Fall zu Oma- und Opadienst verpflichtet werden. Somit tauschen sich schon acht- bis zehnjährige Kinder mehr über Facebook aus als mit ihren Eltern! Sie senden Botschaften per SMS und bekommen Kurznachrichten von ihren Eltern zurück. Für einen kurzen Austausch von Terminen oder Informationen ist das in Ordnung. Ein technisches Gerät kann aber niemals die Herzenswärme und das Bauchgefühl ersetzen!

FAZIT:
Zuhören bedeutet, für den anderen mit allen Sinnen präsent sein, sich Zeit zu nehmen, zusammenzusitzen, zu kuscheln, gemeinsame Gutenachtrituale einzuhalten. Dann kann sich das Kind öffnen und fühlt sich angenommen.

Warum ist es scheinbar so schwer, wirklich zuzuhören und mit offenen Ohren zu kommunizieren?

Immer mehr Grundschulkinder klagen:

- „Meine Eltern interessiert es nicht, wie es mir geht. Hauptsache, die Noten stimmen!"
- „Ich habe alles, was ich mir gewünscht habe, aber Mama und Papa haben nie Zeit."
- „Mama ist immer so gestresst, da traue ich mich gar nicht mehr, sie etwas zu fragen."
- „Meine Freunde darf ich nicht mitbringen, die passen meinen Eltern nicht. Dann rede ich mit meiner Katze."
- „Es läuft immer der Fernseher oder Papa sitzt vor dem PC. Wenn ich dann etwas erzählen möchte, wirkt er so gereizt, dann gehe ich lieber."

Frauen klagen:

- „Die Erziehung bleibt ganz bei mir hängen. Mein Mann ist selten daheim, nur der Beruf zählt."

- „Wenn ich mit meinem Mann rede, hört er mir nicht zu oder gibt gleich Ratschläge. Das macht mich dann wütend und der Abend ist gelaufen."
- „Immer bekomme ich alle Sorgen der Kinder ab. Er soll sich auch mal Zeit nehmen und zuhören!"
- „Mein Großer lässt sich gar nichts mehr sagen, der rennt raus und knallt die Türen."

Familienväter klagen:
- „Kaum komme ich nach einem langen Arbeitstag heim, bekomme ich Anweisungen, was ich zu tun habe."
- „Meine Frau jammert nur, wie anstrengend es mit den Kindern war. Wie es mir geht, interessiert keinen."
- „Für die Kinder bin ich nur noch der Taschengeldgeber oder der ‚Was hast du uns mitgebracht'-Papa. Vor dem PC hab ich dann meine Ruhe!"

Mütter von Vorschulkindern klagen:
- „Kaum sage ich, was zu tun ist, schreit meine Tochter mich an ‚Blöde Mama!'"
- „Wenn ich etwas verbiete, wirft sich mein Sohn auf den Boden und brüllt. Dann hört er gar nicht mehr auf mich."
- „Wenn ich etwas mit meinem Kind bereden möchte, schaltet es auf Durchzug."

Tipps:

- Nehmen Sie sich täglich vor, mindestens einmal am Tag bewusst mit dem dritten Ohr zuzuhören.
- Versuchen Sie einmal, nur zuzuhören, ohne sofort einen Kommentar zu geben.
- Halten Sie mit Ihrer Arbeit inne und seien Sie ganz Ohr!
- Öffnen Sie beim Zuhören alle Wahrnehmungskanäle.
- Gehen Sie auf Augenhöhe, schauen Sie Ihr Kind oder Ihren Partner an. Sie werden viele nonverbale Informationen bekommen!
- Lassen Sie Ihr Bauchgefühl sprechen!
- Sprechen Sie das vermutete Empfinden oder die Bedürfnisse an, die Sie heraushören.
- Achten Sie auf Ihren Tonfall.
- Bieten Sie nicht sofort eine Lösung an, darum geht es erst mal nicht.
- Sie sind nicht in der Erziehungsrolle gefragt, sondern als Mensch.
- Sie werden überrascht sein, was offenes Zuhören bewirkt!

Wie schon im „Erziehungs-ABC" in meinem Ratgeber „Das Trotzkopfalter" beschrieben, machen sich Eltern zu wenig bewusst, dass Verhalten immer in Wechselwirkung steht. Sprechen oder nicht sprechen, zuhören oder nicht zuhören ist „sich verhalten", und die Art und Weise, wie wir miteinander kommunizieren, wie wir auf die Botschaften des anderen reagieren, hat Auswirkungen auf seine Emotionen. Diese wirken stärker und schneller als der Verstand und können ihn sogar blockieren! Damit ist die Wahrscheinlichkeit gering, dass sich das Kind oder der Partner wie erwünscht verhält. Emotionen steuern Verhalten, egal ob es sich um ein Baby oder einen Erwachsenen handelt.

Über das Zuhören mit dem dritten Ohr, über den Einsatz aller Wahrnehmungskanäle, können Emotionen angesprochen werden, die das scheinbar unerwünschte Verhalten bestimmen. Somit kann auch der andere sein Verhalten verändern, da er sich verstanden und angenommen fühlt.

Fragen und Antworten

Warum-Fragen

Kinder sind von Natur aus neugierig. Sobald sie sprechen können, wollen sie viel entdecken und haben viele Fragen! „Warum?" kann mehrmals wiederholt werden, bis das Kind eine befriedigende Antwort erhält. Schon kommt das nächste „Warum?" Die Fragen gehen nicht aus und es entsteht ein schönes Frage-Antwort-Spiel, bis der Erwachsene erschöpft ist und sagt: „Warum ist die Banane krumm?"

Da Kleinkinder noch unvoreingenommen sehen, hören und fühlen, können Kinderfragen den Großen auch mal unangenehm sein. Ein Dreijähriger fragt den Großvater: „Opa, warum hast du einen Bart?" Opa erklärt scherzhaft, dass das so ist, damit er im Gesicht nicht friert. Darauf folgt die Frage „Opa, warum hat Omi einen Bart?", bei der es dem Opa die Sprache verschlägt. Er weiß so schnell keine Antwort, der Enkel bleibt aber hartnäckig. Fragen wie „Mami, wie kommt das Baby in den Bauch bei der Frau?", wenn die Kleine in der vollen U-Bahn eine schwangere Frau sieht, oder „Warum liegt der Mann auf der Frau?", wenn im Sommer beim Spaziergang ein Paar auf der Wiese schmust, können Erwachsene ins Stottern bringen oder ihnen sogar peinlich sein. Antworten Sie bitte nicht „Sei nicht so neugierig, das geht dich nichts an!", „Das fragt man nicht!" oder „Dafür bist du noch zu klein". Diese Antworten sind wie ein Tuch um den Mund und die Kleinen fühlen sich nicht ernst genommen, ja abgelehnt.

Kinder brauchen in diesen Situationen weder wissenschaftliche Erklärungen noch sexuelle Aufklärung. Sie möchten eine einfache altersgerechte Erklärung, die sie verstehen können wie „Oma ist schon alt, da wachsen auch Frauen Haare auf der Oberlippe", „Das ist so, wenn zwei Menschen sich lieb haben. Wir schauen uns zu Hause ein Buch an. Dann kannst du sehen, wie ein Baby entsteht. Schau, wir haben uns auch im Arm, wenn wir kuscheln."

Zwischen vier und sechs Jahren beobachten Kinder nicht nur ihre familiäre Umwelt, sondern auch die Natur und das Universum. Sie denken aber immer noch egozentrisch, in ihrer Fantasie ist noch vieles beseelt und die kindlichen Denkvorgänge haben ihre eigene, kindbezogene Kausalität (z. B. war der Tisch böse, wenn das Kind sich gestoßen hat). Die Welt dreht sich noch um das Kind. Früher hörte es im Märchen, dass der Mann im Mond das Licht an- und ausknipst, Frau Holle die Betten ausschüttelt, wenn es schneit, Petrus mit Kegeln spielt, wenn es donnert: „Warum leuchtet der Mond? Warum wird es dunkel? Weint der Schnee? (wenn er schmilzt), Ist der Himmel jetzt böse? (bei Gewitter)".

Vorschulkinder werden heute über sehr gute pädagogische Materialien schon früh in die Biologie, Physik, Menschenkunde, Geografie und Musik eingeführt, und zwar über Bild und Tonmaterial, über gezielte Exkursionen in Museen, Zoos und Handwerksbetriebe. Die Fragen werden altersgerecht aufbereitet und den Kindern über alle Sinne erfahrbar gemacht. Bis zum sechsten Lebensjahr können Kinder noch nicht abstrahieren, und somit sollte „Verstehen" eher ein „Begreifen" im wahrsten Sinne des Wortes sein. Mit zu einfachen Antworten lassen sich heute Vorschulkinder nicht mehr zufriedenstellen, zu abstrakte Antworten überfordern sie aber.

Informieren Sie sich als Eltern rechtzeitig in Buchhandlungen, welche Bücher für bestimmte Themen und für das jeweilige Alter geeignet sind. Lesen Sie diese erst selber durch, bevor Sie sie mit Ihrem Kind anschauen, um für seine Fragen gerüstet zu sein.

Fragen nach der Sexualität

Eine kindgerechte sexuelle Aufklärung sollte zwischen dem dritten und vierten Lebensjahr stattfinden, davor scheuen aber viele Eltern zurück. Ein kleines Kind sollte bereits wissen, dass es „Nein" sagen darf, wenn es sich bedrängt fühlt oder unsittlich berührt wird – egal, ob dies in der Familie, im Kindergarten oder im Freundeskreis geschieht. Jedes Kind hat ein Recht auf seine Intimsphäre und auf seinen Körper. Nichtwissen macht hilflos. Durch die frühe Sexualisierung der Kinder, meist durch die Medien oder ältere Kinder, sehen und erleben sie Dinge oder verwenden sexualisierte Wörter, die sie noch nicht begreifen können.

Auch schamloses Verhalten in der Gesellschaft kann kleinere Kinder überfordern. Kinder sollten durch frühe Aufklärung geschützt und all ihre Fragen beantwortet werden. Die Antworten sollten nicht Angst machen und wie „Alle Männer sind böse" pauschalisieren, sondern das Kind ermutigen, aufmerksam zu sein, seinem Bauchgefühl zu vertrauen (ganz wichtig!) und sich einem Erwachsenen anzuvertrauen, wenn etwas vorgefallen ist.

Schon dreijährige Mädchen können bei Doktorspielen von älteren Jungen in Bedrängnis gebracht werden, sich aber nicht trauen, was zu sagen, da sie verwirrt sind und die Freunde nicht verlieren wollen. Seien Sie achtsam, wenn Ihr Kind „so komisch" wirkt, wenn es aus dem Kindergarten oder vom Spielplatz heimkommt. Reagieren Sie mit dem dritten Ohr! Nicht ausfragen, sondern Raum geben, damit sich das Kind öffnen kann. Verwirrung und Scham sind Emotionen, es benötigt erst einmal nonverbale Hilfe wie in den Arm genommen zu werden. Oft kommen die Kümmernisse über Tränen und Fragen erst beim Zubettgehen ans Licht. Dann sollten Sie sich bitte unbedingt Zeit nehmen und für das Kind da sein.

Fragen von Kindern, die ihre Eltern im Schlafzimmer überraschen oder akustisch die Sexualität ihrer Eltern mitbekommen, sollten Sie nur soweit beantworten, wie es zum Alter des Kindes passt. Manche Eltern gehen sehr offen mit Sexualität um, ein gewisser Intimbereich sollte aber alleine den Eltern gehören, da dürfen und sollten sie sich deutlich abgrenzen! „Das gehört zu Mama und Papa, wenn sie sich lieb haben, da brauchst du keine Angst haben" wäre eine angemessene Antwort. Sätze wie „Jetzt bist du noch zu klein. Ich sag es dir, wenn du älter bist" hingegen würden ein Kind nur neugierig machen.

Andere Eltern verstecken jegliche Körperlichkeit oder Zärtlichkeiten mit ihrem Partner und beantworten keinerlei sexuelle Fragen. In diesem Fall blühen die Fantasie und die Neugierde, die Kinder holen sich die Aufklärung bruchstückweise, sind damit gefährdeter und können diese Informationen emotional oft noch nicht verarbeiten. Sie erleben, dass das Thema zu Hause tabu ist, und trauen sich nicht zu fragen.

Fragen bei Streit und Trennungen

Jedes Kind braucht immer wieder die Bestätigung, dass es von beiden Eltern geliebt wird, dass es aus dieser Liebe entstanden ist. Spannungen und Streit ohne sichtbare Versöhnung verunsichern jüngere Kinder stark. Sie können die Gründe dafür noch nicht verstehen oder erkennen und fürchten verlassen zu werden. Egal, was auf der Partnerebene geschehen ist, sollten Eltern sich trennen oder Frauen sich entscheiden, ihr Kind alleine großzuziehen, braucht es Zeichen von beiden Elternteilen, geliebt zu sein. Es ist tief verunsichert, seine Angst wird sich in seinen „Warum"-Fragen ausdrücken:

„Warum streitet ihr, habt ihr euch nicht mehr lieb?", „Warum weint Mama so viel?", „Kommt Papa wieder heim?" Sind die Eltern gerade selbst in einer emotional gespannten Lage, fällt es nicht immer leicht, sein Kind in den Arm zu nehmen und mit offenen Ohren zuzuhören.

„Mama und Papa verstehen sich nicht mehr. Darum streiten wir so viel. Das hat aber nichts mit dir zu tun, wir haben dich beide lieb", „Mama weint viel, weil sie traurig ist. Papa hat eine andere Frau kennengelernt und wird ausziehen. Er bleibt aber immer dein Papa und hat dich lieb." Diese Antworten werden die Angst des Kindes mindern, einen Elternteil zu verlieren oder schuld zu sein, dass sich die Eltern trennen.

Antworten wie „Wir lieben uns nicht mehr", „Dein Vater ist so gemein zu mir, der hat eine Geliebte, wir sind nicht mehr wichtig für ihn", „Dein Vater ist ein Egoist, dem sind wir lästig. Aber das schaffen wir auch ohne ihn!" oder „Deine Mutter ist so streitsüchtig, der kann ich es nicht recht machen, deine Mutter liebt ja nur ihren Beruf" machen Kinder zu Bündnispartnern und bringen sie in einen Ambivalenzkonflikt. Egal, wie Papa und Mama sich verhalten, sie sind die Eltern! Ältere Kinder können Konflikte schon nachvollziehen und zwischen Erwachsenenproblemen und ihrer Person trennen, sollten aber nicht benützt werden, um das Herz über den bösen anderen Elternteil auszuschütten. Sie geraten sonst in einen Loyalitätskonflikt oder müssen zum Partnerersatz werden. Gerade in emotional schwierigen Zeiten brauchen Kinder, egal welchen Alters, stabile Bezugspersonen – Elternteile, die zu ihrer Verantwortung als Vater oder Mutter stehen. Wenn diese gerade überfordert sind, sollte – wenn möglich – ein Großelternteil oder Pate, dem Kind vorübergehend die emotionale Stabilität geben.

Jedes Kind hat das Recht, in seinem Kummer ernst genommen zu werden und ehrliche Antworten auf seine Fragen zu bekommen.

„Es fällt mir so schwer, dich weinen zu sehen. Ich weiß, dass es für dich jetzt nicht leicht ist. Wir brauchen nun alle Zeit, uns an den neuen Zustand zu gewöhnen. Sag mir bitte immer, was dich bedrückt." Wenn Sie so mit Ihrem Kind reden, sollten Sie dabei immer in Körperkontakt gehen. Berührungen beruhigen die Emotionen! Kuscheln in Mamas oder Papas Bett ist erwünscht, hier finden oft die intensivsten Gespräche statt!

„Wir haben uns geliebt, deshalb bist du geboren worden. Jetzt verstehen wir uns nicht mehr, es ist besser, uns zu trennen. Wir werden aber immer gut für dich sorgen, sind und bleiben deine Eltern. Mama/Papa hat einen neuen Partner, du wirst sie/ihn kennenlernen und darfst sagen, wenn du das möchtest." Erwarten Sie bitte nicht, dass Ihr Kind, vor allem das kritische Schulkind, von dem neuen Partner begeistert ist. Es kann eifersüchtig reagieren, denn die Liebe muss nun noch mehr geteilt werden und es hat Angst, den anderen Elternteil an den neuen Partner zu verlieren. Ihr Kind kann sich „unmöglich" verhalten. Das unerwünschte Verhalten ist häufig eine Reaktion auf Spannungen in der Familie, vor allem, wenn diese nicht offen angesprochen werden. Bitte nicht schimpfen, hinter den Worten oder Taten stecken verletzte Gefühle! Stattdessen sollten Sie unbedingt mit dem dritten Ohr zuhören!

Schulkinder werden kritische Fragen stellen, denn sie wollen genau wissen, was der Trennungsgrund ist. Sie werden Sie mit den Eltern der Mitschüler vergleichen und verschiedene Elternmodelle erkennen. Jedes dritte Kind in einer Klasse ist bereits ein Trennungs- oder Scheidungskind oder lebt in einer Patchworkfamilie! Ältere Kinder können lernen, offen mit Papa und Mama zu sprechen, sie dürfen sich abgrenzen und werden die Stärken und Schwächen der Erwachsenen besser einschätzen können. Wenn Eltern offen und fair kommunizieren und ihr Kind warmherzig und wertschätzend in Entscheidungen mit einbeziehen, können sich Kinder in der Regel ohne größere seelische Beeinträchtigungen an veränderte Situationen anpassen. Werden Kinder jedoch angelogen, zu wenig informiert, fühlen sie sich abgelehnt oder gar schuldig an der Trennung und wird über ihre Köpfe hinweg entschieden, sodass sie sich hin- und hergeschoben fühlen, dann können schnell psychische Störungen entstehen. Diese beeinflussen die Sprache, die Lernleistung und das Verhalten des Kindes. Professionelle Hilfe für alle Beteiligten ist dann dringend angesagt!

Fragen nach dem Weltgeschehen

Vorschulkindern und Schulkindern können Eltern nicht die heile Welt vorspielen. Sie erfahren über die Medien, die Gespräche der Erwachsenen und, sobald Kinder lesen können, auch über die Schlagzeilen der Printmedien, Nachrichten oder Informationen, die sie ängstigen, verwirren oder neugierig machen. Bei schlimmen politischen Nachrichten oder Naturkatastrophen erleben Kinder die Reaktionen der Erwachsenen und fragen nach: „Mama, passiert das auch bei uns? Müssen wir auch sterben? Gibt es bei uns auch so einen bösen Politiker? Fliegen bei uns auch Flugzeuge in die Häuser? Warum verhungern diese Kinder? Was ist der Tod? Was macht diese Epidemie? Was ist ein Bankencrash?"

Am liebsten würden Sie als Eltern antworten: „Das passiert nicht bei uns … bei uns bist du sicher, wir beschützen dich. Es sterben nur alte oder kranke Menschen, du bist noch so jung und bekommst diese Krankheit nicht."

Das beruhigt Ihr Kind vielleicht vorübergehend, es spürt aber, dass dies nur die halbe Wahrheit, der Erwachsene selber verunsichert ist. Als 1986 kontaminierter Regen über Deutschland, vor allem über Südbayern und Österreich, abging, waren die Erwachsenen gleichermaßen verunsichert wie die Kinder! Gerade unsichtbare Gefahren mit großen Einschränkungen als Folge sind für Kinder schwer zu begreifen. Damals wurden Eltern Empfehlungen von behördlicher Seite gegeben, wie sie sich zu verhalten haben, wie sie ihre Kinder schützen können und wie sie mit ihren Kindern sprechen sollten. Auch in Kindergärten und Schulen waren die atomare Gefahr und die Kontaminierungen monatelang Thema. 2011 erlebten die Japaner durch Naturereignisse wie Erdbeben, Tsunami und das Bersten der Atommeiler diese unsichtbare Gefahr. Durch die ständige Wiederholung der Bilder von Zerstörung, Flucht und hilflosen Menschen in den Medien brennen sich die Szenen im Gedächtnis ein.

Schulkinder können durch ihre erweiterten geistigen Fähigkeiten zwischen Heimat und Ausland, zwischen dem Leid anderer und der eigenen Unversehrtheit und Sicherheit trennen.

Kleinere Kinder benötigen Gespräche und Trost, sie können noch nicht abstrahieren und haben Angst, dass solche Schicksale auch sie treffen können.

Nehmen Sie sich Zeit für die existenziellen Fragen Ihres Kindes! Vielen Erwachsenen fällt es schwer, über Existenzängste zu sprechen, über die Realität des Sterbens und den Tod. Kinder fragen plötzlich nach dem Sinn des Lebens: „Mama, was ist das Leben? Werde ich überhaupt alt werden?", fragt die zehnjährige Clara. Der gleichaltrige Ferdinand macht sich Sorgen: „Mama, manchmal habe ich so Angst, dass ich gar nicht alt werde. Was ist, wenn ich tot bin? Wo komme ich dann hin? Ich denke soviel darüber nach und weiß nicht, ob das wirklich meine Gedanken sind oder jemand anderes in mir!" Bei diesen philosophischen Existenzfragen sollten Eltern vor allem zuhören, das Kind in den Arm nehmen, seine Gedanken ernst nehmen und wertschätzen und ihm sagen, dass auch Erwachsene darauf keine gültige Antwort haben. Auch namhafte Philosophen haben sich über diese Themen schon den Kopf zerbrochen und bisher keine gültige Antwort gefunden. Eltern können versuchen über den Glauben an Gott, an eine höhere Macht, mit dem Kind eine tröstende Antwort zu suchen. Die emotionalen Botschaften, wie Unsicherheit, Angst und Ratlosigkeit, sollten aber gehört und mit dem dritten Ohr dann angesprochen werden.

Kinder haben ein Recht auf die Wahrheit und vertragen diese auch, wenn ihnen ihre Fragen altersgerecht beantwortet werden, ja, sie überhaupt fragen dürfen. Antworten wie „Das verstehst du nicht, du bist noch viel zu klein", „Über was zerbrichst denn du dir den Kopf?" oder „Das geht nur Erwachsene etwas an" werden das Kind weiter verunsichern und es fühlt sich nicht ernst genommen. Kinderpsychologen empfehlen, dem Kind bei schlimmen Nachrichten über Bilder malen, Spiele und körperliches Ausagieren Gelegenheit zu geben, ihre Sorgen und Ängste kindgerecht zu verarbeiten.

Vor allem bei familiären Schicksalen, in denen die Kinder ganz nah dabei und die Erwachsenen selbst stark betroffen sind, werden die Kleinsten oft vergessen oder weggeschickt. Sie bräuchten aber, als schwächste Mitglieder der Familie, eine Person, die ihnen körperlichen Halt und Trost gibt und ihre Fragen mit dem dritten Ohr beantwortet. In diesem Fall gibt es professionelle Familienhelfer, die diese Rolle übernehmen. Um zu vermeiden, dass sich die Angst festsetzt, sollte man „der Angst in die Augen schauen", darüber reden, handeln und Bewältigungsmechanismen anwenden. Angststörungen stehen an zweiter Stelle der psychischen Erkrankungen! Ab dem vierten Lebensjahr sollte das Kind an der Verarbeitung von Krisen und Schicksalen mitbeteiligt werden. Bei Krankheit eines Eltern- oder Großelternteils darf es mit an das Krankenbett und sollte auch in die Sterbebegleitung miteinbezogen werden und sich von einem gestorbenen Familienmitglied verabschieden dürfen. Kinder haben viel weniger Hemmungen, als die Erwachsenen denken! Ihre Neugierde und Unbefangenheit hilft ihnen, das Leben, so wie es kommt, anzunehmen, sie haben in der Regel noch keine Angst vor dem Tod.

Engagieren sich Eltern für Sozialprojekte im In- und Ausland und übernehmen z. B. Patenschaften für Kinder in Dritte-Welt-Ländern, hilft dies den Kindern, „über den Tellerrand" hinauszublicken. Sie erleben Mitgefühl und Maßnahmen, die Menschen helfen, denen es nicht so gut geht. Da Kinder von Natur aus noch sehr egozentrisch sind, lernen sie durch Abgeben und Teilen Verantwortung zu übernehmen und dass es auch Freude macht, ein Spielzeug oder später eine kleine Summe vom Taschengeld herzugeben. Sie erleben, dass sie anderen Kindern, denen es nicht so gut geht wie ihnen, mit schon wenigen Mitteln helfen und Freude bereiten können. Sie erleben, dass Handeln Ängste abbaut. Sie wachsen damit spielerisch in eine globale Welt, die von dieser Generation viel Toleranz, Weitsicht und Mitgefühl verlangt.

Fragen nach Wertvorstellungen

Erwachsene vermitteln Wertvorstellungen über elterliche Botschaften und ihr Verhalten. Sie stellen Regeln innerhalb ihrer Familie auf und setzen den Kindern somit enge oder weite Grenzen.

Sie kommunizieren und erklären diese Grenzen oder beharren darauf, dass etwas schon immer so gemacht wurde.

Die jeweilige Religionszugehörigkeit schreibt die Einhaltung bestimmter Gebote vor, an die sich die Gläubigen streng oder nur zu bestimmten Anlässen halten.

Für das jüngere Kind stellen die Regeln, Grenzen und Werthaltungen seiner Eltern einen festen geschützten Rahmen dar. Es beobachtet die Erwachsenen, ahmt ihr Verhalten nach und übernimmt deren Weltsicht und Gedankengut. Es denkt und redet wie die Erwachsenen, ohne zu hinterfragen.

Mit Eintritt in die Schule, spätesten mit acht Jahren, verändert sich das Weltbild aufgrund seiner erweiterten intellektuellen Fähigkeiten. Das Kind wird kritischer und hinterfragt die Wertvorstellungen, Regeln und Lebensweisen seiner Eltern, seiner Familienmitglieder. Es fragt seine Mutter, warum sie alleinerziehend ist. Der Papa, dem die Karriere so wichtig ist, der wenig Zeit zum Reden hat oder der, wenn er da ist, „geistig abwesend ist", bekommt jetzt Kritik von seinem Kind. Es vergleicht seine Eltern und findet andere Mamas oder Papas toll. Das kann ganz schön wehtun oder Eltern erst mal empören: „Was erlaubt sich dieser Fratz, dieser Dreikäsehoch?"

Das sonntägliche Kaffeetrinken mit den Großeltern war früher so gemütlich, das Kleinkind fühlte sich geborgen in seiner Großfamilie. Jetzt ist es spießig und uncool, die Spielkonsole oder die Freunde sind „geiler". Vieles wird infrage gestellt oder schlichtweg abgelehnt.

Typische kindliche Aussagen sind:

- „Warum dürfen die anderen lange aufbleiben und ich nicht?"
- „Mama, du sagst immer, man darf nicht lügen und hast gerade am Telefon gesagt, dass Papa nicht da ist, obwohl das nicht stimmt."
- „Papa, du hast gesagt, Alkohol ist gefährlich und du trinkst jeden Abend Wein."
- „Wir Kinder sollen immer Bitte und Danke sagen und du befiehlst uns nur."
- „Mama, du hast mir gesagt, du würdest niemals eine Zigarette rauchen. Mit Tante Katja hast du auf dem Balkon geraucht!"
- „Mama, du bist immer so gestresst und regst dich gleich auf, wenn ich dich etwas frage."
- „Warum soll ich beten, wenn der Gott so ungerecht ist und Kinder sterben lässt."
- „Ich muss immer alles tun, was du willst. Das finde ich doof."
- „Ich gehe nicht mehr jeden Sonntag in die Kirche, ich will ausschlafen."
- „Bei Meiers dürfen die Kinder immer fernsehen, die haben sogar einen eigenen Fernseher und die Mutter schimpft nie!"
- „Ich will mein Zimmer aufräumen, wann ich will, du hast ja einen Putztick!"

Achtung vor zu schneller Verteidigung und Kränkung! Das führt schnell zum Streit. Hinterfragen Sie, was das Kind mit seiner Aussage meint, welche Empfindungen es dabei hat! Stehen Sie erst einmal zu Ihren Wertvorstellungen, Ritualen und Schwächen. Sie sind auch nur ein Mensch und nicht unfehlbar!

Autoritäre Antworten, wie sie früher häufig gesagt wurden, lauten:

- „Es wird gefolgt, basta. Was Papa sagt, wird gemacht!"
- „Solange du die Füße unter meinem Tisch hast, wird gemacht, was ich sage!"
- „Sei nicht so vorlaut, das geht dich nichts an!"
- „Wenn Erwachsene das tun, ist etwas anderes."
- „Mama und Papa kritisiert man nicht, Mama und Papa musst du folgen!"

werden Kinder heute nicht mehr ernst nehmen und sich dagegen wehren.

Selbstbewusste Kinder von heute beobachten, sind neugierig, fragen und haken nach. Sie entdecken die Schwächen der Eltern und ihr inkonsequentes Verhalten. Sie wollen diskutieren und ernst genommen werden in ihrem Gedankengut und ihrer Sichtweise. Das dürfen sie auch, der respektvolle Ton sollte dabei aber eingehalten werden. Eltern sind nicht die Kumpel oder Untergebenen ihrer Kinder, und auch Großeltern sollten nicht alles durchgehen lassen.

Die natürliche Hierarchie und Rangordnung sollte auch in der Kleinfamilie immer beachtet und eingehalten werden. Barsche, respektlose Fragen und autoritäre abwertende Antworten werden zum Machtkampf führen und gegenseitige Kränkungen auslösen.

Hinweise für die richtige Kommunikation

- Zuhören erfordert Zeit.
- Gehen Sie stets auf Augenhöhe mit dem Kind.
- Öffnen Sie alle Ihre Wahrnehmungskanäle.
- Beantworten Sie Fragen mit dem dritten Ohr.
- Achten Sie auf Ihr Bauchgefühl.
- Antworten Sie nicht sofort, sondern fragen Sie nach.
- Erkennen Sie die emotionale Botschaft und sprechen Sie sie an.
- Geben Sie altersgerechte Antworten.
- Beachten Sie: Bis zum sechsten Lebensjahr nimmt das Kind die Aussagen wortwörtlich.
- Warum-Fragen fördern das Nachdenken und Erkennen.
- Wiederholte Fragen können nerven, aber durch Wiederholungen prägt sich Gelerntes ein.
- Vermeiden Sie Ironie, Doppeldeutigkeiten und Abwertungen.
- Es gibt keine dummen Fragen, nur dumme Antworten.
- Klare, einfache, nachvollziehbare Anweisungen geben.
- Ein kindliches Nein kann bedeuten „Lass es mich alleine machen".
- Ein elterliches Nein sollte erklärt werden und „Nein" bedeuten.

- Ein elterliches Ja sollte „Ja" bedeuten, nicht „Ja, aber" oder „Ja/Nein".
- Achten Sie auf den Tonfall. „Der Ton macht die Musik."
- Wie man in den Wald ruft, so schallt es heraus.
- Eltern sind im Verhalten und in ihrer Sprache ein Modell.
- Auch Erwachsene sollen „Bitte" und „Danke" sagen und sich entschuldigen.
- Kritisches Denken, Abstrahieren und Hinterfragen beginnt mit dem Schulalter.
- Achten Sie auf das Einhalten der familiären Altershierarchie mit respektvollem Umgang in Wort und Tat.
- Eltern sind weder die Kumpel noch die Partner der Kinder.
- Es gibt nur eine Mama und einen Papa! Kinder wünschen sich die Liebe und Fürsorge der beiden.
- Kinder sollten lernen Kritik an den Eltern zu üben und an sich selbst.
- Sensibilisieren Sie als Familie Ihr Mitempfinden für andere Menschen und Lebensmodelle.
- Die veränderten Sichtweisen und Emotionen sollten respektiert werden.
- Jedes Familienmitglied ist eine eigene Persönlichkeit und hat das Recht, sich abzugrenzen.
- Diskussionen fördern das geistige Wachstum und Toleranz.
- Stures Beharren auf starren Regeln fördert die Rebellion.

Diskussionen schärfen den Verstand ihres Kindes und helfen dem Erwachsenen zu reflektieren, sein Verhalten und bisherige Regeln zu hinterfragen. Tolerante Eltern werden diese Veränderungen als etwas Positives, als wachstumsförderndes Verhalten annehmen können, wenn es auch anstrengend ist. Jede Generation musste sich den Fragen und der Kritik der Heranwachsenden stellen. Das ist die beste Vorbereitung für beide Seiten, wenn das Kind dann in die zweite Ablösephase, die Pubertät, kommt. In einem fairen Konfliktgespräch können diese Veränderungen gemeinsam besprochen und zufriedenstellende Lösungen gefunden werden. Beharren Sie aber auf Ihren Standpunkten und lassen Sie nicht mit sich reden, wird Ihr heranwachsendes kritisches Kind gegen starre Regelungen oder sogar gegen Sie als Person rebellieren!

Sowohl sehr autoritär erzogene Kinder, die niemals hinterfragen durften oder mit schweren Sanktionen rechnen mussten, werden in dieser Phase ihren Eltern respektlos oder aggressiv begegnen als auch Kinder, denen niemals Grenzen gesetzt wurden und die ihre Eltern anreden konnten wie die Kumpel auf der Straße: „He Alter, rück mal die Knete raus. Alte, du kannst mir gar nichts sagen." Das tut weh, für eine offene und wertschätzende Kommunikation ist es dann zu spät. Was Hänschen nicht lernt, lernt Hans nimmer mehr.

FAZIT:

Kinder fordern uns jetzt heraus! Haben Sie den Mut, sich dem zu stellen und ehrlich zu antworten. Stehen Sie zu Ihren Wertvorstellungen und Regeln, wenn Sie diese Ihrem Kind nachvollziehbar begründen können. Kommunizieren Sie offen und wertschätzend. Nehmen Sie Ihr Kind als Gesprächspartner ernst und reflektieren Sie seine Kritik. Auf eine gegenseitig respektvolle Ausdrucksweise sollte immer geachtet werden und gegenseitig darauf hingewiesen werden.

Elterliche Botschaften und ihre Auswirkungen

Das Leben mit Kindern verändert Erwachsene. Sobald sie Eltern werden, verfolgen sie einen pädagogischen Auftrag, sie übernehmen Verantwortung, „damit aus dem Kind etwas wird". Sie wollen es so formen, dass es ihrem Ideal von Kind entspricht. Je älter das Kind wird, desto mehr nimmt die spontane, herzliche und offene Kommunikation ab. Eltern senden ständig Botschaften, wie das Kind zu sein hat, wie es sich benehmen soll, was es leisten soll, was es nicht tun darf.

Die Gedanken gehen in die Vergangenheit und in die Zukunft und beeinflussen damit die Erwartungen der Eltern an ihr Kind oder ihren Partner. Wie schon erwähnt, können in der familiären Kommunikation 80 % der täglichen verbalen Äußerungen aus negativen Botschaften bestehen. Das hat nicht nur Auswirkungen auf das Verhalten und die Empfindungen der Kinder, sondern auch der Eltern. Sie sind ständig unter erzieherischem Leistungsdruck, empfinden Anstrengung und Belastung.

Schon kleine Kinder spüren durch die Art und Weise, wie ihre Eltern mit ihnen sprechen und sich verhalten, ob sie angenommen und wertschätzend behandelt werden. Das wird bereits über das Geschlecht des Kindes vermittelt: Ein Mädchen soll sich „mädchenhaft" zeigen, ein Junge soll mutig sein und später ein richtiger Kerl werden. Wenn der Vater zur Mutter sagt „Du verweichlichst unseren Sohn, der soll doch mal ein Mann und keine Memme werden", spürt der Junge, dass er so, wie er gerade ist, seinem Vater nicht gefällt. Auch „Ein Mädchen tut das nicht" ist eine jener typischen Botschaften, die immer wieder gesagt werden. Geschlechtsrollenstereotypien werden damit bewusst oder unbewusst weitergegeben.

Eltern und Großeltern gehen in ihren Botschaften nicht immer konform. Elterliche Botschaften werden häufig so weitergeben, wie die Erwachsenen sie selbst als Kinder bekommen haben. Diese werden auch durch den Bildungsstand und das soziale Umfeld beeinflusst, in dem die Familie wohnt. Aber auch Erwartungen an das Kind, bestimmte Situationen, der Tageszeitpunkt und die eigenen Stimmungen der Eltern können die jeweiligen Botschaften beeinflussen.

Kinder spüren, ob sie als Person angenommen werden oder nur über ihr Verhalten, ihre Leistungen. Ob sie destruktive Botschaften wie Ermahnen, Tadeln, Schimpfen und viele Vorschriften bekommen oder konstruktive Botschaften wie Aufforderungen, die ermutigen, Anerkennung, Lob und Wertschätzung, aber auch konstruktive Rückmeldungen haben Einfluss auf ihr Verhalten und ihre Gefühle.

Destruktive Botschaften

Die überholte Meinung „Nur Tadel formt das Kind" wird durch eine andere Position widerlegt: „Sage deinem Kind oft genug, wie schlecht es ist, wie dumm es ist, und es wird daran glauben und sich schlecht und dumm verhalten!"

Negative und destruktive Botschaften schränken Kinder ein, sie können ihre Potenziale nicht ausschöpfen, da sie sich zunehmend nur noch über Funktionieren und Leisten definieren müssen und sich als Person minderwertig fühlen. Wenn sie älter werden, können sie gegen diese Botschaften rebellieren, oder aber sie geben auf und werden überangepasst oder depressiv. Es gibt zunehmend neue pädagogische Ratgeber, Vor allem aus sehr leistungsorientierten Ländern wie Japan, die diesen autoritären Erziehungsstil wieder empfehlen: Von klein auf Drill, nur so können gute Leistungen erzielt werden. Nach den Gefühlen wird nicht gefragt, in der Gesellschaft zählt nur Leistung. So werden kleine Kinder auf Wunderkinder getrimmt.

Erziehen sollte aber über positive, konstruktive Botschaften und Wertschätzung geschehen, also das Kind in seiner Persönlichkeit mit seinen Anlagen annehmen, es liebevoll stärken, anregen und ermutigen, Neues auszuprobieren, altersgerechte Grenzen setzen und sich als Elternteil seiner Vorbildfunktion bewusst sein.

Elterliche Botschaften können ein Kind stark wie einen Felsen werden lassen, der den Stürmen des Meeres standhält, oder klein halten und schwächen wie Kiesel, die von der Welle hin und hergespült werden, die haltlos sind.

Übung

Nehmen Sie ein DIN-A4-Blatt und schreiben Sie die unten stehenden Kategorien der destruktiven Botschaften auf. Machen Sie jedes Mal einen Strich dahinter, wenn Sie sich dabei ertappen, dass Sie diese destruktiven Botschaften zu Ihrem Kind oder Ihrem Partner gesagt haben. Beobachten Sie Ihr verbales Verhalten eine Woche lang, täglich. Sie können Ihr Verhalten erst ändern, wenn Sie es zunächst beobachten. Hören Sie sich selbst zu und beobachten Sie auch, wie Ihr Kind darauf reagiert.

Befehlen, Anordnen, Kommandieren:
- „Du musst …"
- „Mach endlich …"
- „Erledige das sofort …"
- „Benimm dich …"
- „Sag Hallo …"
- „Hör sofort auf damit …"
- „Gib endlich Antwort …"

Tadeln, Ermahnen, Drohen:
- „Immer musst du …"
- „Nie kannst du mal …"
- „Wann machst du endlich …"

- „Schmatz nicht so …"
- „Wie oft muss ich dir noch sagen, dass du …"
- „Wenn du nicht …, dann …"

Moralisieren:
- „Ein anständiges Mädchen tut das nicht …"
- „Wir wären so stolz gewesen, aber du hast uns enttäuscht, weil du nicht …"
- „Mama ist ganz traurig, weil du so böse bist …"
- „Wer einmal lügt, dem glaubt man nicht …"
- „Es gibt so viele hungrige Kinder, die würden das gerne essen …"
- „Wenn du so weitermachst, bringst du mich noch ins Grab …"

Ratschläge geben und Vergleiche ziehen:
- „Ich an deiner Stelle würde es so machen …"
- „Die anderen sagen das auch alle, nur du bist so …"
- „Deine Schwester räumt ihr Zimmer immer auf …"
- „Andere Eltern würden …"

Verurteilen und Beschuldigen:
- „Nie ist auf dich Verlass …"
- „Aus dir wird nichts werden …"
- „Du bist das Allerletzte …"
- „So ein faules Kind hab ich noch nie erlebt …"
- „Das machst du doch mit Absicht …"

- „Dumm geboren und nichts dahinter, aber große Klappe …"
- „Mit dir zu reden hat keinen Sinn, du kapierst das nicht …"
- „Du bist schuld, dass ich mir so Sorgen mache …"
- „So wirst du nie die Schule schaffen …"

Kritisieren und widersprechen:
- „Das stimmt nicht, du täuschst dich …"
- „Das siehst du ganz falsch …"
- „Das habe ich nicht gesagt, das hörst du falsch …"
- „Das ist doch kinderleicht …"
- „Wie sieht es denn in deinem Zimmer aus …"
- „Du bist schlampig …"
- „Rede nicht so schnell …"
- „Schau nicht so blöd …"
- „So brauchen wir gar nicht weiterzureden …"

Interpretieren:
- „Du bist nur eifersüchtig …"
- „Du kannst es, aber du willst nicht, weil du den Kopf woanders hast …"
- „Du traust dir einfach nichts zu …"
- „Du bist immer so aggressiv, weil du …"
- „Du bist so verträumt …"
- „Du willst nur immer deine Vorteile …"
- „Außer Fernsehen interessiert dich nichts …"

Ablehnung und Abwehren:

- „Ich rede nicht mehr mit dir …"
- „Geh mir aus den Augen …"
- „Bleib in deinem Zimmer, ich will dich nicht mehr sehen …"
- „Schau selber, wie du klarkommst, von mir bekommst du nichts mehr …"
- „Hau ab …"
- „Lass uns nicht darüber reden …"
- „Wer hat dir denn diesen Blödsinn beigebracht …"
- „Man muss die Dinge nehmen, wie sie kommen …"
- „Ist ja lächerlich, sich darüber aufzuregen …"
- „Nicht bei Tisch, das interessiert mich nicht …"
- „Nimm dich nicht so wichtig …"
- „Als Kind hat mir auch keiner geholfen …"
- „Andere schaffen das auch, da musst du durch …"

Ironie und Doppeldeutigkeiten:

- „Toll, wie du das geschafft hast, die Stimmung zu verderben …"
- „Großartige Leistung …" (bei schlechter Note)
- „Super, bin ja überglücklich, wieder zur Lehrerin zu müssen …"
- „Ein richtig großer Junge, der da heult …"
- „So kommst du weit im Leben …" (das Kind hat vergessen, etwas zu erledigen)

Ausfragen und Verhören:

- „Sag, was los war. Wie war die Ex? Sei ehrlich …"
- „Was hat Mama über mich gesagt?"
- „Steh' Rede und Antwort …"
- „Wann … wo genau … hast du es getan?"
- „Was willst du mit deinen Freunden machen?"
- „Hat Papa wieder geraucht?"
- „Kocht die Mutter von Jens auch so gut wie ich?"
- „Wie sieht es bei denen aus?"
- „Hast du dich anständig benommen?"

FAZIT:
Diese Aussagen oder Botschaften werden als destruktiv bezeichnet, da sie negative Reaktionen und Empfindungen bei Ihrem Kind auslösen werden. Sie sind zwar in Kontakt und reden, auf die Inhalte, Gedanken und Gefühle Ihres Kindes wird aber nicht eingegangen. Ihr Kind wird sich eher verteidigen, kurz antworten, fühlt sich wahrscheinlich nicht verstanden, abgewertet oder verunsichert. Diese Art von Kommunikation kann zu heftigen Auseinandersetzungen bis hin zum Kontaktabbruch führen.

Doppelte Botschaften

Darunter versteht man Aussagen, die über verschiedene Wahrnehmungskanäle unterschiedliche Informationen geben. Der Erwachsene sagt „Komm her", wenn das Kind mit ihm spielen oder reden möchte. Die Mimik, Körperhaltung und Gestik, also die „Körpersprache", kommunizieren aber „Bleib weg".

Beispiel

Der Vater liest die Zeitung. Der fünfjährige Sven fragt: „Papa, spielst du mit mir?" Der Vater antwortet „Na, dann komm her", legt seine Zeitung allerdings nicht weg und liest weiter. Wie soll sich das Kind verhalten? Es ist verwirrt. Kleinkinder gehen noch sehr nach der Körpersprache und werden anfangen zu quengeln. Schulkinder hören genauer hin, sind aber durch die Körpersprache verunsichert oder gekränkt und werden aggressiv oder ziehen sich zurück.

Beispiel

Die Mutter hat drei Mal zum Essen gerufen. „Sven, komm jetzt endlich und wasch dir die Hände!" Sven kommt aus dem Garten gerannt und setzt sich mit schmutzigen Händen an den Tisch. Die Mutter sagt „Guten Appetit" und verteilt das Essen, schaut ihn aber mit ernstem Blick an und schüttelt den Kopf. Sven hört „Guten Appetit" und freut sich auf das Essen, die Mutter guckt aber so streng und abweisend, dass er verunsichert ist, ob sie es wirklich so meint oder doch noch schimpft.

Eine doppelte Wahrnehmung kann auch eintreten, wenn über zwei Räume kommuniziert wird.

Beispiel

Das Kind ruft: „Mama, komm mal!" Die Mama antwortet „Ja". Sie hat ihr Kind gehört, sieht aber nicht seine Körpersprache. Das Kind hofft, dass die Mama kommt, schließlich hat sie mit „Ja" geantwortet. Sie erscheint aber nicht. Das Kind kann nicht sehen, dass die Mutter gerade beschäftigt ist und gerade nicht weg kann. Für das Kind fühlt sich das Ja wie Nein an, weil die Mutter nicht kommt.

FAZIT:
Doppelte Botschaften verwirren. Welcher Wahrnehmung soll das Kind vertrauen – dem Hörkanal oder dem Sehkanal? Erlebt ein Kind häufig doppelte Botschaften, kann das tiefer gehende Verunsicherungen hervorrufen, da es seiner Wahrnehmung nicht mehr vertraut. Psychologen nennen diese Form der familiären Kommunikation ein „Verrücktmachersystem" oder anders ausgedrückt: „Wie man es macht, ist es verkehrt."

Konstruktive Botschaften

Konstruktive Botschaften sind verbale Äußerungen, die wie ein Türöffner wirken. Sie werden das Kind ermutigen zu antworten, zu erzählen, zu handeln. Es wird sich gehört, verstanden und angenommen fühlen. Es wird motiviert sein und lernen, selbstständig zu denken und zu handeln. Es wird seiner Wahrnehmung und seinen Gefühlen vertrauen. Es darf widersprechen, ausprobieren, sich abgrenzen. Die Auswirkungen der konstruktiven Botschaften werden positiv sein, das Kind wird in seiner Persönlichkeit gestärkt.

Tipps für positive Kommunikation:
- Bevor Sie antworten, überprüfen Sie, was Sie gehört haben.
- Überprüfen Sie, was Sie wirklich fragen wollen.
- Vermeiden Sie Ausfragen, Interpretieren und Befehlen.
- Vermeiden Sie doppelte Botschaften.
- Vermeiden Sie Übertreibungen.
- Verwandeln Sie „Du musst" in „Du kannst".
- Verwandeln Sie „ja, aber" in „ja und".
- Verwandeln Sie Vorwürfe in Wünsche.
- Geben Sie klare, sachbezogene Anweisungen.
- Wiederholen Sie Regeln und stehen Sie dahinter.
- Vermeiden Sie Worte wie „immer, nie, wenn … dann".
- Vermeiden Sie Vergleiche, denn jedes Kind ist einmalig!
- Wenn Sie sich freuen, dann sagen Sie es offen.
- Wenn Sie etwas ärgert, dann sagen Sie es offen.
- Wenn Sie über ein Thema jetzt nicht sprechen wollen oder können, sagen Sie es offen.
- Machen Sie mit Ihrem Kind einen Zeitpunkt aus, wann Sie zuhören können.

Alle Voraussetzungen, die bei dem Thema „Zuhören mit dem dritten Ohr" beschrieben wurden, sollten auch bei den konstruktiven Botschaften angewendet werden. Es erfordert zusätzlich von den Eltern eine hohe Bereitschaft, elterliche Botschaften aus der eigenen Kindheit zu reflektieren. Auch Botschaften, die aus dem sozialen Umfeld der Eltern weitergegeben werden, sollten überprüft werden. Es erfordert ein gewisses Maß an Selbstkritik sowie die Fähigkeit, seine eigenen Erwartungen an das Kind, die Erziehungseinstellung und die eigenen Gefühle gegenüber dem Kind zu überprüfen. Nur so gelingt es, möglichst wertfreie Botschaften zu senden. Wenn es destruktive Botschaften waren, darf man sich auch verbessern oder entschuldigen. Vielleicht hat man gerade durch eigenen Frust oder aus Zeitdruck abwertend kommuniziert. Um dies zukünftig immer mehr zu vermeiden, helfen die folgenden Tipps.

Ermutigen Sie Ihr Kind, indem Sie es mit Sätzen bestärken wie:

- „Ich glaube, du schaffst es."
- „Lass uns gemeinsam eine Lösung finden."
- „Das habe ich nicht verstanden, sag es bitte noch einmal."
- „Ich versuche mich hineinzufühlen."
- „Gib dir Zeit, auch wenn du jetzt ganz aufgeregt bist."
- „Es tut mit leid, gerade jetzt hab ich keine Zeit, ich komme aber danach zu dir, das ist mir wichtig!"
- „Ich bin nicht deiner Meinung und sehe das anders, kann aber hören, wie du darüber denkst."
- „Auch ein Junge darf weinen."

- „Lass dich nicht verunsichern, die Lehrerin kann auch mal schlecht drauf sein."
- „Ich glaube, auch du als Mädchen darfst das ausprobieren."
- „Steh zu deiner Meinung!"
- „Das ist doch verständlich, dass du da weinen musst (dich ärgerst, traurig bist)."

Achten Sie auf Ihren Tonfall, Ihre Körpersprache und halten Sie Blickkontakt!

Wenn Ihr Kind einfach nur erzählen will, dann genügen kleine verbale Bestätigungen wie:
- „Ah"
- „Oh, wie aufregend"
- „Da bin ich aber neugierig!"
- „Hm"

So fühlt sich ihr Kind gehört, es will nur etwas loswerden, aber nicht diskutieren, gemaßregelt oder bevormundet werden.

Beobachten Sie, wie oft es Ihnen gelingt, konstruktive Botschaften zu senden, und geben Sie sich selbst die Anerkennung dafür! Sie werden sensibler werden und erleben, wie viele Erwachsene nicht wirklich zuhören können und sofort destruktive Botschaften senden, sodass man ärgerlich wird, verwirrt ist, anfängt sich zu rechtfertigen oder keine Lust mehr hat, etwas zu erzählen.

FAZIT:

Konstruktive Botschaften wirken öffnend. Das Kind wird ermutigt, bestärkt und kann seine und andere Meinungen annehmen. Es vertraut den Erwachsenen und lernt, seinen Gedanken, Wahrnehmungen und Empfindungen zu vertrauen. Es glaubt an sich selbst, was seinen Selbstwert und sein Selbstvertrauen stärkt. Es lernt ebenfalls konstruktiv zu kommunizieren.

Das tägliche Miteinander in Familien mit Mitgliedern unterschiedlichen Alters und Geschlechts stellt eine Herausforderung dar, denn jeder will oft etwas anderes. Regeln helfen, den Alltag zu meistern. Zusätzlich ist der Tag strukturiert durch Kindergarten, Schule, Beruf und Hobbys. So wird schon von den Kleinsten viel Anpassung erwartet. Die Eltern tragen die Verantwortung für die Erziehung, die Pädagogen in den Betreuungseinrichtungen haben ihren pädagogischen Auftrag und müssen gewisse Regeln einhalten, an die sich die Kinder erst gewöhnen müssen.

Kleinkinder und Vorschulkinder haben aber ganz andere Bedürfnisse und Wünsche als die Erwachsenen. Sie haben noch kein Zeitgefühl, können Konsequenzen nicht absehen, sie leben in ihrer kleinen Welt und müssen keine Verantwortung übernehmen. Sie können nicht vorausdenken oder abstrahieren. So ist es ganz normal und nachvollziehbar, dass es zu täglichen Konflikten kommt. Das Kind soll sich anziehen, damit es pünktlich in den Kindergarten kommt, das Kind möchte aber noch spielen. Das Schulkind soll Hausaufgaben machen, möchte aber lieber zum Fußball. Das größere Kind soll mithelfen, hat aber gerade „keinen Bock".

Du-Botschaften

Werden Erwartungen oder Wünsche nicht erfüllt, sind jüngere Kinder schnell enttäuscht und reagieren sehr emotional. Sie können ihre Emotionen noch nicht regulieren und ihre Empfindungen nicht verbalisieren. Das ist für die Eltern anstrengend und sie reagieren oft mit destruktiven Botschaften in einer „Du-Aussage".

Beispiele
- „Du sollst nicht so schreien."
- „Du musst jetzt …"
- „Du darfst nicht …"

Das Kind wird auf diese Sätze hin noch enttäuschter reagieren und mit Körpersprache antworten (wegrennen, treten, schlagen, sich auf den Boden werfen, schreien).

Ältere Kinder sind verbal nach und nach geschickter, trauen sich mehr zu, werden selbstbewusster und haben ihre eigene Meinung zu ihren Wünschen und Erwartungen an die Eltern. Es wird noch mehr Konflikte und Diskussionen geben – was auch anstrengend ist! Eltern sind dann häufig frustriert, verärgert und reagieren wieder mit Du-Botschaften:

- „Du bist vorlaut und frech. So redest du nicht mit mir."
- „Du wirst sehen, das hat Konsequenzen!"
- „Du machst mir immer Probleme!"
- „Du wirst schon sehen, was passiert, wenn du faul bist."

Das ältere Kind wird sich wehren, seine Emotionen weniger körperlich zeigen, dafür aber hörbar, beispielsweise, indem es Türen zuschmeißt. Es wird seine Empfindungen in Worte verpacken und ebenfalls Du-Botschaften mit destruktiven Inhalten senden wie „Mama, du bist blöd, gemein …"

Du-Botschaften enthalten destruktive Worte. Sie vermitteln dem Empfänger nur indirekt, was der Sprecher möchte und wie seine Empfindungen sind. Somit lösen diese beim Empfänger negative Gefühle aus. Er geht in den Widerstand. Ein respektvoller Umgangston ist damit auch nicht mehr möglich. Du-Botschaften betonen, was nicht geschieht oder geschehen soll, betonen also das unerwünschte Verhalten und verstärken es damit noch, denn das Kind bekommt dafür Aufmerksamkeit. Das Kind, der Partner oder allgemein der Empfänger weiß oft nicht, was der Sender möchte und wie er darüber empfindet.

In vielen Familien werden Erwartungen, Wünsche und Gefühle nur indirekt über Du-Botschaften vermittelt. Man kennt es nicht anders. Eine Falle für Enttäuschungen ist der weitverbreitete Glaube, der andere müsse doch wissen, was ich brauche, fühle und denke! Wir können aber alle nicht Gedanken lesen und haben auch keinen Röntgenblick. Weder Mutter noch Vater wissen immer, was der andere jetzt braucht oder tun sollte, damit es ihm gut geht! Eine weitere Falle entsteht dadurch, dass wir davon ausgehen, mit all unseren Erwartungen und Empfindungen übereinzustimmen, weil wir uns so lieben und eine Familie sind.

Jeder ist aber ein Individuum! Natürlich gibt es auch Einklang im Denken und Fühlen – man kennt ja seine Pappenheimer – und reagiert dann intuitiv mit dem Bauchgefühl. Enttäuschungen, Missverständnisse und Anspannungen sind an der Tagesordnung, wenn mehr als zwei Menschen zusammenkommen, zusammenleben. Kinder werden schon in fertige Systeme, Verhaltens- und Sprechmuster hineingeboren. Das ist eine große Chance für die Erwachsenen, dazuzulernen, da die Bedürfnisse eines Kindes erst mal konträr zu den Bedürfnissen der Erwachsenen sind. Auf der Partnerebene wird ein Kind bis dahin gewohnte Muster durcheinanderbringen. Die Erwachsenen müssen sich einschränken, eigene Bedürfnisse zurückstellen, sich in das Kind hineinversetzen. Es kommen neue Erwartungen an die Mutter- und Vaterrolle. Alles dreht sich um das kleine oder die kleinen Familienmitglieder! Völlig neue Themen sind jetzt vorrangig und man wird nie eine vollständige Kompetenz als Eltern erreichen, da jeder Lebensabschnitt und die Entwicklung des Kindes eine neue Herausforderung darstellen. Bestimmte Verhaltens- und Kommunikationsregeln werden aber helfen, diese Herausforderung zu meistern.

Damit dieser Prozess möglichst stressfrei abläuft, sollten alle Familienmitglieder lernen, sich über Ich-Botschaften ihre Wünsche und Bedürfnisse mitzuteilen.

Ich-Botschaften

Der Sprecher überprüft erst einmal über alle Wahrnehmungskanäle, was er den anderen mitteilen möchte oder kann. Oft reagiert man in der familiären Kommunikation bei emotionalen Empfindungen sehr schnell mit Du-Botschaften, da man oft selber noch nicht weiß, welche Gefühle dahinterstehen. Was ist jetzt wichtig mitzuteilen, was möchte ich, was wünsche ich mir, wie sich der andere verhalten soll?

Beispiele

- „Ich wünsche mir, dass du bitte dein Zimmer aufräumst, damit ich durchwischen kann."
- „Ich bin müde und möchte jetzt nicht spielen."

- „Ich erwarte, dass du später mit mir redest, jetzt bist du so erregt, dass du nur schreien kannst."
- „Ich möchte jetzt mit Oma sprechen, dann komme ich zu dir. Du kannst bitte schon mal die Hausaufgaben herrichten."
- „Sei bitte pünktlich, ich mache mir sonst Sorgen."
- „Nach dem zweiten Rufen fangen wir zu essen an. Komm dann bitte, ich werde das Essen nicht mehr aufwärmen."
- „Es ärgert mich, wenn ich erfahre, dass du mich angelogen hast. Darüber sollten wir nachher reden, du wirst einen Grund gehabt haben."

Ich-Botschaften werden erst mal ungewohnt klingen. Viele Eltern glauben, sie würden ihre Autorität verlieren, wenn sie keine Befehle geben oder ihre Gefühle ansprechen. Das Gegenteil ist aber der Fall! Das Kind oder der Partner erfährt genau, was der andere möchte und wie er darüber denkt oder empfindet. Das löst keinen Widerstand aus, und somit können die vorgebrachten Wünsche erfüllt werden oder über sie gesprochen werden. Die Mitteilung eigener Empfindungen ist ein Appell an die Empfindungen des anderen. Ich-Botschaften machen Eltern glaubwürdig. Das Kind lernt, den Elternteil in seinen Bedürfnissen und Empfindungen zu respektieren, und übernimmt Verantwortung für sein Verhalten. Ich-Botschaften richten die Aufmerksamkeit auf das erwünschte Verhalten; so hat der andere eine Wahlmöglichkeit. In Ich-Botschaften übernimmt der Sender Verantwortung für seine Gedanken, Wünsche und Gefühle. In Ich-Botschaften wird der Empfänger nicht verurteilt, sondern er bekommt Rückmeldung über sein Handeln mit den entsprechenden Auswirkungen. Die Wechselwirkung des Verhaltens wird offengelegt und beschrieben, somit kann sich der Empfänger reflektieren. Es geht also um das Handeln, nicht um die Persönlichkeit! Die Persönlichkeit und die Individualität des Empfängers werden damit respektiert.

Ich-Botschaften als versteckte Du-Botschaften

Ich-Botschaften werden gerne in Du-Botschaften verpackt. Am Satzanfang wird zwar das Wort „ich" verwendet, dann aber geht es weiter mit destruktiven Du-Botschaften:

- „Ich finde, du bist blöd."
- „Ich bin sauer auf dich, du hast mir den Tag verdorben."
- „Ich finde, du könntest mehr leisten in der Schule."
- „Ich finde, du nimmst mich nicht ernst."
- „Ich fasse es nicht, das ist doch wieder typisch für dich."
- „Ich will, dass du sofort Zeit für mich hast, sonst kannst du schauen, wo du bleibst!"

In diesen Aussagen wird dem anderen nicht mitgeteilt, was der Sender wirklich möchte und empfindet. Es sind destruktive Botschaften, die Widerstand und unangenehme Empfindungen auslösen werden.

Redet jemand ständig in der Ich-Form und stellt sich damit in den Mittelpunkt, wird dies als Egoismus bezeichnet. Kleinkinder kommunizieren aber so, da sie noch in ihrem egozentrischen Weltbild leben. Erst ab dem vierten Lebensjahr entwickeln sie ein Partnergefühl. Sind Eltern nicht bereit, ihren Kinder in Ich-Botschaften mitzuteilen, dass auch sie Wünsche und Bedürfnisse haben, werden Kinder kein „Wir-Gefühl" empfinden und weiterhin selbstsüchtig ihre Wünsche und Bedürfnisse einfordern – „Ich will aber …". Sie können somit respektlos, maßlos und tyrannisch werden und später als Jugendliche sehr anecken: „So ein Egoist, der kennt nur sich", heißt es dann. Erwachsene sollten zwischen Eigennützigkeit und einer kongruenten Ich-Botschaft unterscheiden können.

Kongruent bedeutet, dem anderen seine Wahrnehmungen und Empfindungen offen mitzuteilen und sowohl im Tonfall als auch in der Körpersprache stimmig zu sein, sonst verhält man sich für andere ja wieder verwirrend und würde „doppelte Botschaften" aussenden.

Aus Sorge, egoistisch zu wirken, verstecken sich viele Erwachsene hinter der „Man"- oder „Wir"-Form. Damit stehen sie nicht zu ihren Wünschen und wundern sich, wenn dann keine Veränderungen geschehen.

Beispiel

„Man sollte wieder mehr unternehmen", sagt die Frau zu ihrem Partner. Sie möchte so gerne ins Theater, aber er vielleicht nicht. Er weiß auch gar nicht, dass sie das Theater meint. Wenn er antwortet: „Wir machen doch genug mit den Kindern", traut sie sich vielleicht nicht, weiterzureden. Oder sie zieht sich enttäuscht zurück. Oder sie sagt: „Man sollte wieder öfter reden". Wer ist hier „man", wer übernimmt die Verantwortung für das Reden?

„Ich möchte so gerne mal wieder mit dir ins Theater. Danach haben wir noch Zeit füreinander und könnten reden. Was hältst du davon?" ist eine klare Ich-Botschaft. Jetzt kann der Mann über diesen Wunsch nachdenken.

Eltern verstecken sich, vor allem wenn sie noch kleinere Kinder haben, gerne hinter der Wir-Form: „Wir müssen jetzt ins Bett, da wir müde sind." Das Kind will aber aufbleiben, die Mutter möchte ihre Ruhe, sagt ihr Bedürfnis aber nicht offen. Wenn Elternpaare in ihrer Rolle aufgehen, sprechen sie sich gegenseitig oft nur noch in der Wir-Form an – als Papa und Mama, auch wenn die Kinder nicht dabei sind. Dabei werden die eigenen Bedürfnisse immer der Elternrolle „Wir" geopfert und nicht offen kommuniziert, ja vielleicht gar nicht mehr wahrgenommen, bis es zum Konflikt kommt. Dann könnten Anklagen erhoben werden wie: „Du hattest immer deinen Beruf, ich habe alles für die Familie geopfert."

TIPP:
- Lassen Sie es nicht zu einem Elternopfer kommen und üben Sie verständliche und nachvollziehbare Ich-Aussagen! Die Familie ist in ihrem Zusammenleben wie ein Mobile: Fängt ein Elternteil an, offen zu kommunizieren, bewegen sich die anderen mit.

Beispiele

Üben Sie erst einmal vor dem Spiegel. Sprechen Sie ruhig, laut und deutlich und beobachten Sie Ihre Mimik und Körperhaltung. Sie werden überrascht sein, was für eine positive Auswirkung die Ich-Botschaften haben, wenn Sie diese konsequent anwenden. Ältere Kinder werden dann auch versuchen, offen und ehrlich in Ich-Botschaften zu antworten:

- „Mama, ich wusste gar nicht, dass dich das so ärgert."
- „Papa, ich dachte, du interessierst dich nicht dafür, was ich in der Schule mache."
- „Papa, ich wusste nicht, dass du so Sorgen im Büro hast und es dir leidtut, wenn du so wenig Zeit für mich hast. Du warst immer so grantig, da bin ich lieber gleich in mein Zimmer."
- „Mama, wenn du mich schimpfst, weiß ich ja nicht, dass du dir Sorgen wegen meiner Mathenote machst."

Werden Kinder ermutigt, in Ich-Botschaften zu reden, und hören die Eltern mit offenem Ohr zu, dann erfahren auch die Erwachsenen, welche Bedürfnisse, Emotionen und Gedanken sich hinter den Du-Botschaften und dem Verhalten der Kinder verbergen. Oft sind sie überrascht, da sie die Reaktionen des Kindes ganz anders interpretiert hatten. Ich-Botschaften ermutigen, sich zu öffnen, und fördern Vertrauen und Mitgefühl. Die Beziehung leidet nicht unter dem offenen Austausch, im Gegenteil, sie wird gestärkt.

Beispiele

- „Petra, ich dachte schon, du bist wütend auf mich, wenn du wegrennst und die Türen schmeißt, nur weil ich dich nach der Schule gefragt habe. Ich wusste nicht, dass ich dich damit so überfalle und nerve und du erst mal in Ruhe essen möchtest."

- „Anna, ich dachte, du magst mir nicht helfen, und ich war enttäuscht, denn ich wusste nicht, dass du nach deinem Albtraum Angst vor dem Keller hattest."

- „Peter, es tut mir so leid, dass ich gesagt habe, dass du faul bist und keine Lust zum Lernen hast. Deine Wut auf mich konnte ich erst verstehen, nachdem du mir gesagt hast, dass der Mathelehrer dich vor die Klasse gestellt hat und du die Aufgabe nicht konntest."

Diese gegenseitigen Ich-Aussagen konnten durch die offene Kommunikation Missverständnisse und emotionale Verletzungen klären. Damit ist die Beziehung wieder bereinigt. Und beide, Kind und Elternteil, werden sich gegenseitig ermutigen, mit offenem Ohr zuzuhören oder zu antworten. Ich-Botschaften können aber auch Kritik enthalten. Das Verhalten wird beschrieben, damit der Kritisierte sein Handeln nachvollziehen kann. Es sollte auch mitgeteilt werden, welche Empfindungen dieses Verhalten bei dem anderen bewirkt hat.

Wie man Kritik üben sollte, wird später noch ausführlicher im Kapitel „Faire Konfliktgespräche" erläutert.

Beispiele

Erinnern Sie sich noch an Sven, der mit schmutzigen Händen zu Tisch kam? Die Mutter sandte eine doppelte Botschaft. Jetzt sagt die Mutter in einer für den Jungen verständlichen Ich-Botschaft:

„Sven, mir schmeckt das Essen nicht mehr, wenn ich deine dreckigen Hände sehe! Bitte wasche sie jetzt. Das Essen ist schon kalt, ich habe dich drei Mal gerufen, ich werde es nicht mehr warm machen. Komm das nächste Mal beim ersten Rufen. Ich ärgere mich, wenn ich das Essen pünktlich auf den Tisch stelle und du kommst erst nach dem dritten Rufen. Die Regel ‚Vor dem Essen Hände waschen' kennst du auch."

Das klingt für Sven wie eine Standpauke. Er hört aber keine Beschuldigungen, keine Abwertungen. Seine Mutter beschreibt sein Verhalten und sagt ihm auch ihre Gefühle

(Ärger) und ihre Erwartungen (ein Mal rufen, vor dem Essen Hände waschen). Sie bleibt sitzen und wärmt das Essen nicht auf – die natürliche Konsequenz, wenn Sven zu spät kommt.

Sven wollte seine Mutter nicht absichtlich ärgern, es fiel ihm nur schwer, sein Spiel zu unterbrechen.

Jetzt erfährt er, was sein Handeln bewirkt hat (Ärger), und da die Beziehung zwischen beiden nicht verletzt wurde, wird er sicher bereit sein, das nächste Mal pünktlich zu kommen. Er weiß nun, was seine Mutter von ihm erwartet, und spürt, dass er ihr wichtig ist, denn sie bleibt bei Tisch sitzen und wartet, bis er aufgegessen hat.

TIPP:
- Kinder, egal welchen Alters, brauchen klare Ansagen in Ich-Botschaften. Vermeiden Sie Befehle, Gejammer und Klagen.
- Kleine Kinder benötigen dafür noch nonverbale Hilfestellungen: „Ich möchte, dass du dir die Hände vor dem Essen wäschst" (das Kleinkind wird zum Waschbecken begleitet) statt „Du Schmutzfink, nie wäscht du dir die Hände!"

Auswirkungen der Ich-Botschaften

Wenn Sie Ihr Sprechverhalten verändern, weniger Du-Botschaften senden und versuchen, sich nachvollziehbar in Ich-Botschaften auszudrücken, dürfen Sie nicht enttäuscht sein, wenn Sie erst einmal „überhört" werden. Der Mensch ist ja ein Gewohnheitstier. Er ist so lange mit Du-Botschaften angesprochen und erzogen worden und hat somit Abwehrmechanismen entwickelt, wie sich zu verteidigen, zu leugnen, sich zu weigern, auf Durchzug zu schalten oder in Gegenangriff zu gehen. Bitte werfen Sie nicht gleich die Flinte ins Korn nach dem Motto „Immer muss ich erst laut werden und schimpfen, damit ich gehört werde. Sonst nimmt mich niemand ernst!" Geben Sie nicht auf, neues Verhalten braucht Zeit, um gelernt zu werden!

Auch Ich-Botschaften können mit Nachdruck gesendet werden. Die Stimme kann dabei laut werden. Sorgen Sie zudem mit Ihrer Körpersprache für Aufmerksamkeit, machen Sie sich bemerkbar. Nur wenn Sie wahrgenommen werden, kommt die Botschaft auch an. Sorgen Sie für Blickkontakt! Geben Sie kleineren Kindern Körperkontakt, indem Sie ihnen die Hand auf die Schulter legen, die Hand fassen oder sie bei emotionalen Botschaften in den Arm nehmen. Hilfreich ist es auch, auf eine Ebene zu gehen, also nicht von oben nach unten zu kommunizieren, den anderen von hinten zu „überfallen" oder in verschiedenen Räumen zu sprechen. Wenn Sie Ihre Botschaft per Telefon senden, fragen Sie erst, ob der andere auch zuhören kann und will! Nicht gleich lossprudeln. Bitten Sie ihn, sich nicht mit anderen Dingen zu beschäftigen, während Sie etwas mitteilen. Das ist ja eine beliebte Angewohnheit in unserer Multitasking-Gesellschaft. Dasselbe gilt selbstverständlich auch für den Sprecher! Sonst gehen viele Informationen verloren oder werden schnell wieder vergessen und es kommen später Aussagen wie „Das hast du nicht gesagt, das habe ich nicht gehört". Für Kurzinfos sind Handy oder SMS in Ordnung. Für wichtige Themen sollte aber ein Gesprächszeitpunkt vereinbart werden, zu dem beide körperlich und geistig anwesend sind. Per Skype oder mit einer anderen Videotelefoniesoftware zu kommunizieren hat wenigstens den Vorteil, den Gesprächspartner zu sehen, und somit kann der Sehkanal, und damit die Körpersprache, zum Hörkanal miteinbezogen werden.

„Ich möchte dir etwas sagen. Schau mich bitte an, damit ich sicher bin, dass du mir zuhören kannst."

„Ich möchte ernst genommen werden. Hast du verstanden, was ich gemeint habe?"

Sagt Ihr Kind oder Partner darauf nur gedehnt „Ja" oder nickt lediglich, bitten Sie, das Gesagte zu wiederholen, um sicherzugehen, dass Ihre Botschaft angekommen ist. Fragen und Antworten zu wiederholen ist erst mal ein ungewohntes Verhalten für beide, aber nur so lassen sich Missverständnisse vermeiden. Auf diese Art zu kommunizieren kostet zunächst Zeit und Geduld. Aber Ärger und Konflikte zu klären ist wesentlich zeitraubender und wirkt emotional viel länger nach! Geben Sie sich selbst und Ihrem Gesprächspartner die Chance, offen zu kommunizieren. Fragen Sie nach und haben Sie Mut, zu Ihren Gedanken,

Wünschen und Gefühlen zu stehen und diese in Ich-Botschaften zu äußern!

„Es ärgert mich, wenn du dein Buch nicht weglegst, während ich mit dir rede. Ich habe dann den Eindruck, du willst mir nicht zuhören oder es interessiert dich nicht. Es ist mir aber wichtig!"

„Ich finde es nicht fair, wenn du dir die Ohren zuhältst und sagst ‚Willst du wieder meckern?' Das kränkt mich!"

Ist der andere nicht bereit, sich trotz Ich-Botschaften zu öffnen und sein Verhalten zu verändern, können tiefer liegende Konflikte dahinterstehen. Ist der Partner oder das ältere Kind in Widerstandshaltung und nicht gewillt, die Bedürfnisse und Wünsche des anderen zu respektieren, kann das ein wichtiges und ernst zu nehmendes Zeichen dafür sein, dass auf der Beziehungsebene etwas nicht stimmt. Dann sollten faire Konfliktgespräche stattfinden.

FAZIT:
Ich-Botschaften vermitteln, was ich erwarte, fühle und denke. Ich-Botschaften machen glaubwürdig, aber auch verletzbar, da ich mich dem anderen offenbare. Ich-Botschaften fördern das erwünschte Verhalten, Respekt und Achtsamkeit. Ich-Botschaften mit schlüssigem und passendem Inhalt sind Voraussetzung für eine faires Konfliktgespräch.

Konflikte

Immer wieder kommt es in der Familie zu Konflikten. Manche sind notwendig, andere vermeidbar:

- Welche Konflikte kommen in Familiensystemen vor?
- Welche sind vorhersehbar?
- Welche sind vermeidbar?
- Welche sind unvermeidbar?
- Welche sind unvorhersehbar?

Kinder fordern uns täglich heraus. Erwachsene und Kinder haben unterschiedliche Bedürfnisse und Ziele, wie schon beschrieben. Daher sind Konflikte unvermeidbar. Wie Eltern darauf reagieren, hat aber unterschiedliche Auswirkungen auf die Kinder. Konflikte sind nicht gleichzusetzen mit Streit. Bei einem Streit geht es eher um Sieg oder Niederlage und die Frage, wer sich wie durchsetzt. Dabei wird wenig wertschätzend miteinander umgegangen. Meist gibt es negative destruktive Botschaften, die Verletzungen hinterlassen oder die Kommunikation ganz abbrechen.

Vorhersehbare Konflikte

Ursachen für auftauchende Konflikte können in der Vergangenheit liegen, wie beispielsweise ungenügend geklärte Bedürfniskonflikte, oder ausgelöst werden durch zu hohe Erwartungen in die Zukunft. Die Erziehungseinstellungen (nachgiebig oder autoritär), unterschiedliche Erziehungsmodelle, Erwartungen und Befürchtungen an die Elternrolle können Eltern an ihre Grenzen bringen. Eltern übersehen häufig, dass sie ein Modell für ihre Kinder sind und dass das Familiensystem immer wieder im Wandel ist.

Für vorhersehbare Konflikte kann man sich schon frühzeitig rüsten. Unvorhersehbare Konflikte können das Familienleben aus dem Gleichgewicht bringen. Unfälle, lebensbedrohliche Krankheiten oder der plötzliche Tod eines Familienmitgliedes erschüttern und verändern das Verhalten aller. Erleben noch jüngere Kinder ihre Eltern überfordert und hilflos, verunsichert sie das, da sie die Ursachen oft noch nicht verstehen können. Ältere ziehen sich zurück oder übernehmen schon früh Aufgaben, die sie aber seelisch überfordern könnten. Es fehlen die Orientierung und der sichere Halt durch die Erwachsenen. Bewältigungsmechanismen müssen sowohl die Eltern und damit auch die Kinder erst lernen.

Eltern-Kind-Konflikte

Auslöser für Eltern-Kind Konflikte gibt es aber auch durch fehlende oder zu starre familiäre Hierarchien. Schauen wir ins Tierreich: In der Herde gib es immer ein Alphatier oder eine Leitstute. Zu aufmüpfige Heranwachsende werden in ihre Schranken gewiesen. Der Ältere sollte aufgrund seiner Erfahrung respektiert werden, er trägt aber auch die Verantwortung, den Nachwuchs zu lenken und zu lehren, damit er ein vollwertiges Mitglied der Herde oder Familie werden kann. Die Verschiebung der Hierarchie, das Nicht-einhalten von Grenzen, birgt ein hohes Konfliktpotenzial! Es kann nicht gut gehen, wenn Eltern sich kindisch verhalten und schon Vierjährige den Ton angeben! Oder wenn Eltern sich für ihre Kinder aufopfern und deren Ansprüche grenzenlos werden!

Auslöser für Eltern-Kind-Konflikte können auch folgende sein:
Gibt es zu viele oder zu wenig Regeln in der Familie? Gibt es gerade Umbrüche wie das Einleben in die Kindertagesstätte oder den Kindergarten oder eine Einschulung, einen Schulwechsel? Die Geburt eines Geschwisters oder den Arbeitswechsel eines Elternteils? Aber auch Erwartungen an das Schulkind im Lern- und Leistungsbereich können zu viel Druck auslösen und das Kind reagiert darauf auffällig.
Geht es einem Familienmitglied körperlich oder seelisch nicht gut? Belasten finanzielle Sorgen die Eltern? Konfliktstoff und deren Auswirkung gibt es also genügend in einem Familienverbund. Gibt es überhaupt vermeidbare Konflikte? Harmoniebedürftige Erwachsene wünschen sich das, die anderen finden „Konflikte sind das Salz in der Suppe". Es kommt aber auf die Dosierung an und die Art und Weise, wie Konflikte gelöst werden. Die Einstellung, die Umstellung auf ein Kind und seine Erziehung, hat ebenso Auswirkung darauf, ob das Zusammenleben in der Familie dazu tendiert, eher konfliktträchtig oder stressfrei abzulaufen.

Es gibt opferbereite Eltern, die versuchen, es ihren Kindern immer recht zu machen, ihnen alle Schwierigkeiten abzunehmen und dazu tendieren, sie im Kleinkindalter ohne Grenzen zu erziehen. „Die tanzen mir auf dem Kopf herum und nehmen mich nicht ernst", ist ein Satz, der zu dieser Situation passen würde.

Es gibt überbehütende Mütter, die nur noch für das Kind leben und sich über ihre Kinder identifizieren, ihre eigene Entwicklung dabei völlig vergessen und dann in ein Loch fallen, wenn die Kinder flügge werden. Das wiederum kann die Kinder belasten. „Ich war immer für euch da und jetzt seid ihr so undankbar" passt hierzu.

Autoritär geprägte Eltern sind eher wenig kompromissbereit und sagen: „Wir lassen uns nicht auf dem Kopf herumtanzen. Kinder haben sich anzupassen, zu gehorchen und zu funktionieren. Wir bestimmen, wo es langgeht!"

Demokratisch eingestellte Eltern versuchen, ihren Kindern altersgerechte Anforderungen zu stellen, einsehbare Regeln aufzustellen, kindliche und eigene Bedürfnisse zu respektieren und diese offen in Ich-Aussagen zu kommunizieren. Sie erkennen die Wechselwirkung von Verhalten und sind sich bewusst, dass sie eine Modellfunktion haben.

Zunehmend gibt es Eltern, die sehr karrierebewusst leben und es sich leisten können, ihre Kinder schon sehr früh, oft schon im Babyalter, in Fremdbetreuung zu geben (Nurse, Nanny, Hauserzieherin) und sich mit dem Erziehungsalltag gar nicht abgeben wollen oder können. Diese Kinder bekommen oft materiell alle Wünsche erfüllt und werden schon sehr früh in Leistungskurse gebracht. Von Montag bis Samstag ist jeder Tag gut durchorganisiert und abends kümmert sich der Babysitter. Auf diese Vorzeigekinder sind die Eltern stolz, sie sind ihr gelungenes Produkt. Von der Krippe über Privatkindergarten, die möglichst mehrsprachige Ganztagsschule und später das Internat bis zum Studium im Ausland wurden schon vor der Geburt Pläne aufgestellt.

TIPP:

- Öffne dein Herz, deine Wahrnehmungskanäle und leite dein Kind mit dem Verstand!
- Tue ihm nicht an, was du nicht willst, dass dir man tut!
- Erinnere dich, dass auch du mal ein Kind warst, und übe dich in Geduld!
- Sei dir selbst klar, was du willst, und gebe dies klar an dein Kind weiter!
- Höre dir selbst zu, wie du sprichst, beobachte dich, wie du dich verhältst!
- Dein Kind ist kein Produkt. Es ist ein heranwachsender Mensch, den du leitest und begleitest.
- Dein Kind braucht keine perfekten Eltern, es braucht eine verlässliche Bindung.
- Achte dich selbst und damit deine Mitmenschen.
- Sei dir deiner Elternrolle bewusst, aber grenze dich auch ab.
- Pflege deine Ich- und Du-Beziehungen.

Jede noch so gut gemeinte und durchdachte Einstellung und Erziehungshaltung der Eltern wird aber Konflikte nicht verhindern! Wenn Menschen zusammenleben, gibt es immer wieder Bedürfniskonflikte oder Beziehungskonflikte, vor allem ausgelöst durch Erziehungsfallen und durch die Art und Weise, wie kommuniziert wird, wie Worte wirken.

Analyse der Eltern-Kind-Konflikte

Zielkonflikte

Bei Konflikten im Erziehungsalltag handelt es sich häufig um Zielkonflikte: Mutter oder Vater geben eine Anordnung, eine Aufforderung, die das Kind nicht gleich ausführt oder verweigert. Wie schon im Abschnitt über destruktive Botschaften beschrieben, erleben die Eltern das Verhalten des Kindes als unerwünschtes Verhalten und reagieren verbal und mit Körpersprache, geleitet von ihren Emotionen. Das Kind will etwas ganz anderes und wird ebenfalls mit Körpersprache und verbal reagieren.

Im Laufe eines Streits schaukelt sich eine Verhaltenskette zwischen Eltern und Kind auf, die zunehmend negative Auswirkung auf das kindliche und elterliche Verhalten hat. Es gibt negative Zuwendungen, oft in Du-Botschaften verpackt, die das unerwünschte Verhalten noch verstärken. Die ganze Aufmerksamkeit wird auf das Verhalten gerichtet, das nicht sein soll. Eltern erreichen letztlich ihr Ziel, aber mit viel zu viel Reden, Druck und negativen Emotionen. Oder das Kind erreicht sein Ziel. Das nennt man dann eine Konfliktlösung nach der Sieg- oder Niederlage-Methode. Kinder haben dabei oft den längeren Atem, die besseren Nerven.

Beispiele

Das Kind soll um acht Uhr zu Bett gehen – das Ziel der Eltern. Das Kind will aber noch fertig lesen und aufbleiben – das Ziel des Kindes. Es gibt einen Zielkonflikt.

Typische Verhaltensstrategien der Eltern sind dann: mehrmalige Aufforderungen, erst noch bittend, dann lauter, tadeln („Immer musst du …, nie kannst du …"), überreden oder drohen („Wenn du nicht …, dann …") und Befehle („Ich zähle bis drei, dann …"). Konsequenzen werden angedroht, aber meistens nicht eingehalten. Das Kind folgt dann zwar doch noch, aber erst nach einer langen negativen Verhaltenskette. Mutter oder Vater haben sich durchgesetzt.

Das Kind kann sich aber auch weigern, indem es schreit, erst recht weiterspielt oder liest, auf Durchzug schaltet oder bettelt, verhandelt, solange wartet, bis der andere Elternteil kommt, der dann um des lieben Friedens willen nachgibt und womöglich um 21 Uhr neben dem Kind einschläft. Ein kindlicher Sieg, eine elterliche Niederlage. Sein Ziel, noch länger aufzubleiben und die Aufmerksamkeit von beiden Eltern zu bekommen, hat es erreicht.

Um Zielkonflikte zu vermeiden, sollte schon im Voraus, also am Anfang einer Situation, etwas verändert werden oder die Auslöser für Zielkonflikte erkannt werden. Viele dieser Auslöser für unerwünschtes Verhalten sind die Formulierungen, die Art und Weise, wie Eltern mit ihren Kindern reden.

Günstig wären: eine Erinnerung an die Abmachung, in Ich-Botschaften sprechen, kurz auf die Ebene des Kindes gehen, mit Blickkontakt und Körperkontakt. Sein Ziel, noch aufbleiben zu wollen, erkennen und ansprechen, bei kleineren Kindern eine Hilfestellung geben, z. B. es an die Hand nehmen und Richtung Bad lenken und dabei positive Zuwendung auf Ansätze zum erwünschten Verhalten geben.

Passen Sie auf, wenn das Kind nicht sofort einlenkt, und tappen Sie nicht in die Fallen Ermahnen, Verhandeln oder Druck machen, dabei handelt es sich dann schon wieder um negative Zuwendungen. Bleiben Sie stattdessen beim Ziel, stehen Sie zur Abmachung und stärken Sie das Kind. Die Anerkennung erfolgt dann über die liebevolle Zuwendung, wenn das elterliche Ziel erreicht wurde – ohne Sieg oder Niederlage. Das Kind wird zunehmend lernen, die Verantwortung für die Einhaltung der Regel oder Abmachung einzuhalten, da der Zielkonflikt jetzt stressfrei gelöst wurde. Der Zielkonflikt kann aber auch darin bestehen, dass ein älteres Kind eine andere Zubettgehzeit möchte und sich deshalb weigert. Dann sollte ein faires Konfliktgespräch stattfinden, um neue Regeln aufzustellen.

Regeln überprüfen

Regeln wird es im Kleinkindalter noch wenige geben, da das Kind diese geistig nicht erfassen kann und überwiegend anschaulich denkt. Regeln werden daher erfahrbar gemacht über Handeln und über ihre natürliche Konsequenzen. Für logische Konsequenzen, die später erfolgen, wenn eine Regel nicht eingehalten wird, muss das Kind sein Verhalten einsehen können und vorausdenken können. Deshalb benötigt ein Vorschulkind klare Ansagen und wenige feste Regeln, die es einhalten kann und die ihm Halt und Struktur geben. Regeln können ihm helfen, Machtimpulse und Aggressionen in Schach zu halten und Ordnung einzuhalten.

Beispielregeln für Vorschulkinder:
- „Kleinere werden nicht geschlagen."
- „Die rote Kiste gehört nur dir, die grüne deinem Bruder."
- „Nach dem Vorlesen gehst du zuerst ins Bad."
- „Vor dem Essen Hände waschen."
- „Es wird am Tisch und nicht auf dem Boden gegessen."
- „Am Morgen darfst du zum Kuscheln kommen, nachts bringen wir dich wieder in dein Bett zurück."
- „Die Matschstiefel bleiben vor der Tür."

Regeln wachsen mit dem Alter der Kinder, den Aufgabenstellungen und den Tagesstrukturen. Werden neue Regeln mit den Kindern offen besprochen oder wird einfach erwartet, dass sie diese kennen? Gibt es nur Regeln für die Kinder oder auch für die Erwachsenen? Handelt es sich um starre Regeln oder werden sie im Familiengespräch dem Alter der Kinder und den jeweiligen Lebensumständen angepasst?

Beispielregeln für ältere Kinder:

- „Wenn die Schule beginnt, wird der Wecker auf sieben Uhr gestellt. Beim dritten Klingeln stehst du auf."
- „Diese Woche fütterst du die Katze, nächste Woche tut das deine Schwester."
- „Richte deine Schulsachen und Kleidung immer am Abend her, damit du morgens nicht in Hetze kommst oder etwas vergisst."
- „Nach jeder Mahlzeit putzt du deine Zähne."
- „Um 20 Uhr ist Bettzeit, du darfst aber noch eine halbe Stunde lesen."
- „Wenn der Gong tönt, komme bitte zum Essen. Wir fangen dann an und warten nicht auf dich."
- „Sei zur ausgemachten Zeit zu Hause oder rufe an, wenn du dich verspätest."

Wenn das Kind seine Regeln nicht einhält, soll es auch die sofort erfolgenden natürlichen Konsequenzen oder die logischen Konsequenzen kennen. Es hat somit Wahlmöglichkeiten, denn Regeln auszutesten, gehört zum sozialen Lernen dazu. Es will ja ausprobieren, was passiert.

Bekommt es die Konsequenzen aber erst viel später zu spüren oder sind diese für das Kind nicht vorhersehbar, sondern willkürlich von den Eltern aufgestellt, dann empfindet das Kind diese Konsequenz als ungerechte Strafe, die zu weiteren Konflikten führen wird. Eltern werden dann schimpfen oder der Tat nicht angemessen reagieren, wie das Kind aus dem Zimmer zu schicken, Fernsehverbot, Taschengeldentzug, nicht zu Freunden gehen dürfen. Die dabei entstehenden Emotionen werden das Kind nicht motivieren, um Regeln einzuhalten. Oder es hält sich aus Angst vor Strafe zukünftig an die Regel. Angst ist aber ein schlechter Lehrmeister. Sowohl starre Regeln als auch zu offene Regeln werden Zielkonflikte auslösen.

Beispiele für starre Regeln:
- „Ein Kind muss immer um sieben Uhr zu Bett zu gehen."
- „Ein Kind braucht viel Schlaf."
- „Erst die Arbeit, dann das Vergnügen."
- „Nach dem Essen ist Hausaufgabenzeit."
- „Bei Tisch wird nicht geredet."
- „Wenn Erwachsene reden, haben Kinder still zu sein."
- „Bei guten Noten gibt es eine Belohnung."
- „Es werden keine Schimpfwörter benutzt."

Offene Regeln benutzen Eltern, die sich nicht einig sind. Kinder bekommen dann sehr schnell heraus, wo sie sich ihre Vorteile holen.

Vorteile aus offenen Regeln:

- „Wenn Papa uns ins Bett bringt, dürfen wir vorher noch ganz lange toben."
- „Wenn Papa auf Geschäftsreise ist, darf ich bei Mama im Bett schlafen."
- „Bei Oma darf ich essen, wann ich will."

Dabei gibt es dann nicht nur Zielkonflikte zwischen einem Elternteil und dem Kind, sondern auch zwischen den Eltern!

TIPP:

- Kommen Regelkonflikte zu häufig vor, sollten Sie die derzeit bestehenden Regeln überprüfen. Verändern Sie mit dem Kind zusammen, dem Alter angepasst oder den Umständen entsprechend, die bisher gültigen Regeln. Sie werden sich mit dem Alter der Kinder und den neuen Aufgabenstellungen immer wieder verändern. Finden Sie mit aktivem Zuhören heraus, ob hinter der Regelverletzung ein Bedürfniskonflikt steht und Ihr Kind mit seinem Verhalten darauf aufmerksam machen will. Stellen Sie nur sinnvolle und einsehbare Regeln auf. Besprechen Sie die natürlichen oder logischen Konsequenzen.
- Regeln helfen, das Familienleben zu regulieren!
- Regeln gelten für alle Familienmitglieder!
- Regeln schaffen Verlässlichkeit und geben Sicherheit.

Bedürfniskonflikte

Die Grundbedürfnisse von Kindern und Erwachsenen sind sich ähnlich: Wertschätzung, Liebe, Geborgenheit und die Erfüllung der alltäglichen Dinge wie Ernährung, ein Zuhause, Schlaf, Zeit für sich und Gesundheit. Erwachsene wünschen sich einen Job oder einen Beruf, der sie erfüllt und einen bestimmten Lebensstandard ermöglicht. Je kleiner Kinder sind, desto direkter und egoistischer fordern sie ihre Bedürfnisse ein. Sie möchten im Mittelpunkt der Aufmerksamkeit stehen und haben noch eine geringe Frustrationstoleranz. Ältere Kinder wollen ernst genommen werden, da sie sich eigene Gedanken machen und reflektieren können. Sie wollen mitreden und zunehmend über ihre Zeit, ihr Leben mitbestimmen dürfen. In der Art und Weise, wie sie dies einfordern und wie die Erwachsenen damit umgehen – mit Verständnis oder Ablehnung –, liegt reichlich Konfliktpotenzial.

Paradoxerweise nehmen familiäre Konflikte eher zu als ab, obwohl die meisten Erwachsenen und Kinder in den westlichen Ländern im Verhältnis in einem gewissen Wohlstand leben. Keiner muss in unserem Staat hungern oder hat kein Dach über dem Kopf.

Die einen sehen die Ursache darin, dass der Leistungsdruck immer weiter zunimmt und die Zeit dafür knapper wird. Die Kinder werden zwar materiell verwöhnt, die Zeit für Gespräche und Kuscheln aber fehlt. Eine andere Ursache könnte in der mangelnden Bereitschaft liegen, sich auf die neuen Lebensumstände mit einem Kind einzustellen. Andere verzichten ganz auf eigene Bedürfnisse, wenn sie kleine Kinder haben, und sind verunsichert, wie Kinder geleitet und erzogen werden sollen. Es gibt Familien, in denen es an gegenseitigem Respekt mangelt.

Eltern sind in ihrem Verhalten oft inkonsequent oder widersprüchlich, wie es gerade passt, und somit kein verlässliches Vorbild. Kinder fühlen sich mit einem solchen Verhalten der Eltern unsicher und orientierungslos. Das Reden miteinander ist oft nicht möglich oder findet häufig in destruktiven Du-Botschaften statt. Schon Grundschulkinder tauschen sich deshalb lieber per SMS oder in Facebook aus und verbringen ihre Freizeit stundenlang vor der Spielkonsole, den technischen „Ersatzeltern", statt sich zu treffen, herumzualbern oder körperlich auszutoben. Großstadtkinder werden deshalb schon als „Containerkinder" bezeichnet, da sie nicht mehr aus der Wohnung dürfen und ihre Eltern keine Zeit haben. Oder sie werden von Kurs zu Kurs chauffiert und müssen auch noch in der Freizeit Leistungen vorweisen und in einen Wettbewerb treten, damit ihre Eltern stolz sein können.

Wie können Bedürfniskonflikte erkannt und gelöst werden?

Übung

Fangen Sie erst mal bei sich selbst an. Beobachten Sie Ihren Tagesablauf und Ihr Verhalten:

- Wie beginnt der Tag? Hektisch und chaotisch oder ruhig und strukturiert?
- Gibt es einen Tages- oder Wochenplan?
- Weiß jedes Familienmitglied, welche Regeln es gibt?
- Gibt es bestimmte Aufstehzeiten, Arbeitszeiten, feste Mahlzeiten, Ruhezeiten, Spielzeit, Hausaufgabenzeit, Kuschelzeiten, Zubettgehzeiten?
- Bin ich alleine für die Regeleinhaltung verantwortlich?
- Werden die Regeln respektiert und eingehalten?
- Wie spreche ich mit den Kindern und dem Partner – anklagend oder respektvoll?
- Spreche ich in Ich-Botschaften oder mehr in Du-Botschaften? Wie sind meine Empfindungen dabei?
- Kann ich auch zuhören, ohne gleich zu unterbrechen?
- Werde ich gehört und fühle mich respektiert?
- Respektiere und achte ich mich selbst?
- Opfere ich mich für die Familie (den Beruf) auf?
- Habe ich noch Zeit für Ruhepausen, Ich-Zeit oder ein Hobby?
- Habe ich den Eindruck, es wird mir schnell alles zu viel?
- Gibt es noch Zeit für den Partner und Freunde?
- Will ich alles auf einmal machen oder kann ich Prioritäten setzen?

- Erwarte ich von mir, es immer allen recht machen zu müssen?
- Sehe ich meine Erziehungsaufgabe als Last und als Muss oder kann ich noch herzlich, spontan reagieren und das Kind annehmen, so wie es ist?
- Wie oft nehme ich mein Kind in den Arm und schaue ihm in die Augen?
- Bin ich mit meinen Gedanken ständig in der Vergangenheit und Zukunft und mache mir Sorgen oder kann ich im Hier und Jetzt bleiben?
- Neige ich dazu, schnell zu urteilen und zu interpretieren?
- Wann habe ich zuletzt etwas Aufmunterndes gesagt oder gelobt? Auch mich selbst?
- Kann ich offen zu meinen Bedürfnissen, Wünschen und Gefühlen stehen? Oder verdränge ich sie?
- Gibt es in naher Zukunft wichtige Veränderungen?
- Wann habe ich zuletzt losgelassen und entspannt?

Schauen Sie sich Ihre Antworten noch einmal an. Markieren Sie die, in denen Sie erkannt haben, dass Sie Ihre eigenen Bedürfnisse zurückstellen oder sich unangemessen verhalten.
Haben Sie Mut, Ihr Verhalten zu verändern!
Gehen Sie auch kritisch mit Ihrem Energiehaushalt um. Wenn Sie sich gestresst und leer fühlen, können Sie nicht geben. Sie erwarten vielleicht, dass die anderen ein bisschen Rücksicht nehmen könnten, und werden enttäuscht.

Sie selbst sind der größte Auslöser für Ihren Stress! Vor allem die Gedanken, Erwartungen und Gefühle bringen einen immer wieder aus dem Gleichgewicht.

Zeichnen Sie doch einmal einen „Energiekuchen" dazu, wie Sie sich fühlen, von Ihrem Istzustand. Teilen Sie ihn in Stücke für Beruf, Haushalt, Kinder, Freizeit, Ich-Zeit und Hobbys. Wie sind die Stücke eingeteilt? Erfahrungsgemäß gibt es große Stücke für Beruf, Haushalt und Kinder, aber nur kleine Stücke für Freizeit, Ich-Zeit und Hobbys. Ziehen Sie nun Bilanz: Wo können Sie als Erstes etwas verändern? Wie soll der Kuchen für die Zukunft, die Sollzeit, eingeteilt werden? Achten Sie künftig vor allem auf Auszeiten – auch wenn Sie sich nur 20 Minuten für Ausruhen und Entspannen gönnen können. Schon kleine Kinder respektieren dies, wenn dies klar als Wunsch geäußert wird. Achten Sie auf Ich- und Du-Zeiten – für Sie und (eines) Ihre(r) Kinder, für Sie und Ihren Partner ohne Anforderungen, ohne Leistung – seien Sie einfach mal. Es ist nicht die Quantität der Zeit, die zählt, sondern die Qualität und der bewusste Umgang damit! Grenzen Sie sich ab und delegieren Sie Aufgaben.

„Ich habe nie Zeit, ich bin so im Stress" ist eine gängige Antwort und Ausrede. Wenn Ihnen Ihre Beziehung und Ihre sozialen Bedürfnisse wichtig sind, finden Sie die Zeit! Organisieren Sie Unterstützungssysteme: eine Putzfrau, einen Fensterputzdienst, einen Babysitter, einen Getränkelieferservice, einen Studenten für die Nachhilfe. Diese

Investitionen rechnen sich. Sie gewinnen Zeit für sich und Entlastung. Ihre Familie freut sich über den Zeitgewinn und einen Elternteil, der wieder mehr gute Laune hat und entspannter ist.

Der Nährboden für die meisten familiären Konflikte sind Bedürfniskonflikte! Decken Sie diese zunächst bei sich und Ihrem Partner auf. Kinder brauchen keine perfekten Eltern, sie brauchen verlässliche Beziehungen! Helfen Sie dann Ihrem Kind mit offenem Zuhören und Ich-Botschaften, seine Bedürfnisse zu erkennen und ermutigen Sie es, diese auch auszusprechen.

Vermeidbare Konflikte

Zeit einplanen

Vorschulkinder leben im Hier und Jetzt. Es fällt Ihnen schwer, die Zeit einzuschätzen, und sie haben ein anderes Zeitgefühl als der Erwachsene. Sie können sich zwar eine Zeit lang gut selbst beschäftigen, aber immer dann, wenn der Erwachsene Ruhe braucht, ein Telefonat erledigen möchte oder pünktlich aus dem Haus muss, fangen sie an, seine Aufmerksamkeit zu suchen, indem sie stören, sich nicht mehr alleine beschäftigen wollen oder ihre Aufgaben extrem langsam verrichten. Schnell reagieren Erwachsene dann genervt und senden Du-Botschaften.

Planen Sie mehr Zeitpuffer ein, damit Sie ihr Kind auf einen Ortswechsel – zum Beispiel von zu Hause in den

Kindergarten – vorbereiten können. Hektik führt schnell zum Widerstand. Bitte überfallen Sie Ihr Kind nicht mit typischen Aussagen wie „Mach jetzt schnell", „Wir müssen …!" Besser ist es zu sagen: „Fang bitte an dich anzuziehen, ich möchte, dass wir rechtzeitig zum Kindergarten gehen." Wenn Sie Zeit für ein Telefonat brauchen, informieren Sie Ihr Kind darüber. Geben Sie ihm einen kleinen Auftrag, den es gerne erledigt, oder lassen Sie es kurz Hallo sagen, dann ist die Neugierde befriedigt. Längere Telefonate sollten Sie besser dann führen, wenn das Kind in der Betreuung ist oder schläft. Selbst ältere Kinder können es schwer ertragen, wenn Mama oder Papa zu lange telefonieren! Es kommt zum Konflikt: Das Kind will Ihre Aufmerksamkeit, Sie wollen ungestört telefonieren.

Das gilt auch für Situationen, in denen Sie sich mit anderen in Ruhe unterhalten wollen. Mit Kindern lernt man, sich kurzzufassen. So lassen sich Zielkonflikte vermeiden.

Haben Sie an bestimmten Tagen wenig Zeit für Ihr Kind, lassen Sie es ein paar Freunde einladen. Es mag zwar lauter zugehen, aber Kindern fällt immer etwas ein, um sich zu beschäftigen, und Sie sind entlastet.

Sind Hausputz und Einkauf angesagt, können kleinere Kinder im Rahmen ihrer Möglichkeiten gut mithelfen. So ist das Grundbedürfnis nach Aufmerksamkeit und Ernstgenommenwerden auf beiden Seiten erfüllt.

Wenn Sie Ihr Kind abholen und selbst schon müde vom langen Arbeitstag sind, geben Sie sich beiden Zeit, sich von einer Erfahrungswelt auf die andere einzustellen. Hektik und der Wunsch, noch schnell Dinge auf dem Heimweg zu erledigen, frustrieren Kinder. Sie wollen endlich die ganze Aufmerksamkeit ihrer Mama oder ihres Papas und brauchen ihre eigene Zeit, sich darauf einzustellen. Fragen Sie sie auch bitte nicht aus, da fühlen sich Kinder schnell unter Druck gesetzt. Besser ist es, das Tempo kurzfristig zu verlangsamen, sich auf das Kind einzustimmen und ihm erst einmal die ungeteilte Aufmerksamkeit über das Zuhören mit dem dritten Ohr zu geben, auch wenn das Handy klingelt! Damit gewinnen Sie letztlich Zeit und vermeiden unnötigen Stress. Danach ist Ihr Kind auch bereit, sich den folgenden Aufgaben anzupassen und mitzumachen.

Tagesstruktur festlegen

Kinder brauchen feste Tagesstrukturen, die geben ihnen Halt und Sicherheit. Erwachsenen fällt es oft schwer, sich beim ersten Kind umzustellen und feste Regeln aufzustellen. Spätestens mit Eintritt in den Kindergarten gibt es Zeitvorgaben. Lernt ein Kind erst dann, regelmäßige Aufsteh-, Abhol- und Zubettgehzeiten einzuhalten, wird es zunächst Zielkonflikte geben. Das Kind will noch ausschlafen, trödeln oder abends wie gewohnt noch mit Papa rumtoben.

Ferien und Urlaub sollten Ausnahmezeiten sein. Fangen Sie jedoch rechtzeitig, ein paar Tage vor Schul- oder Kindergartenbeginn, wieder an, gewisse Regeln und das Einhalten von Zeiten einzuüben.

Je klarer und selbstverständlicher Tagesrituale und Regeln aufgestellt werden und je früher sich alle Familienmitglieder daran halten, desto weniger Konflikte wird es geben. Erinnerungen und Hilfestellungen werden immer wieder nötig sein, machen Sie dann aber bitte klare, sachliche Ansagen und vermeiden Sie einen Redeschwall mit destruktiven Botschaften.

Rituale einführen

Liebevolle Weckrituale, die Lieblingstasse auf dem Frühstückstisch, die selbst gemachte Brotzeit in einer bunten Box oder die Kleidung schon am Abend vorher zusammen auszusuchen, helfen, diese vorgegebenen Zeitstrukturen einzuhalten. Wie viele Kinder gehen ohne Frühstück aus dem Haus, weil die Erwachsenen keine Zeit oder Lust haben, sich zehn Minuten für ein kleines Frühstück und einen gemeinsamen Tagesbeginn zu nehmen? Auch Fürsorge wird als liebevolle Aufmerksamkeit und Wertschätzung erlebt! Schnell noch die Brezel beim Bäcker und den Kakao im Pappbecher zu kaufen und hektisch in sich reinzuschlingen kostet auch Zeit. Gemeinsame Mahlzeiten hingegen fördern die Zuwendung und den Austausch, sorgen für das Wir-Gefühl. Es soll Familien geben, in denen jeder isst, wann er will – das ist kein gutes Modell für ein Miteinander!

Zu einer Tagesstruktur gehören auch Rituale wie sich zu verabschieden und zu begrüßen.

Gehen Sie dabei auf die gleiche Körperebene und schauen Sie Ihrem Kind oder Partner in die Augen. Dies sind wertvolle Sekunden der ungeteilten Aufmerksamkeit, der gegenseitigen Wertschätzung! Der andere fühlt sich angenommen.

Gerade am frühen Morgen fällt es vielen schwer zu reden. Der „Guten Morgen"-Gruß sollte aber nicht fehlen. Mit einer Umarmung oder einer Streicheleinheit, einem „Komm, wir packen den Tag an" steht es sich besser auf als mit Ermahnen, Tadeln und Hektik verbreiten. Auch ein freundlicher Abschiedsgruß sollte nicht fehlen, denn Kinder und Eltern starten damit gestärkt in den Tag und sehen sich oft erst am Nachmittag oder Abend wieder.

Nach einem langen Tag will jeder erst mal ankommen. Statt sich freundlich zu begrüßen, werden sofort – meist negative – Nachrichten ausgetauscht oder Anordnungen verteilt. Kinder fordern zeitgleich aber auch die Aufmerksamkeit der Heimkehrer. Fühlen sie sich nicht wahrgenommen, empfinden sie sich schnell als Störenfriede, und dann hängt der Haussegen schnell schief. Ein guter Trick ist, kurz innezuhalten, bevor man die Haustür öffnet, bis zehn zu zählen, die Arbeit oder Sorgen erst mal in der Tasche zu lassen und sich seine Familienmitglieder im Geiste einzeln vorzustellen, um sich auf sie mit ihren unterschiedlichen Bedürfnissen einzustimmen. Dann können Sie mit einem freundlichen „Hallo, da bin ich" eintreten.

Die obligatorische Frage „Wie war der Tag" ist entweder ein Türöffner zum Jammern und Klagen oder es kommt ein kurzes „Gut", was auch nicht die Kommunikation und Stimmung fördert. Lassen Sie Ihr Kind oder Ihren Partner erst mal ankommen. Ein herzliches „Schön, dass du da bist, komm erst mal rein" ist ein Türöffner, um sich wohlzufühlen und später zu erzählen.

Kleineren Kindern fällt es schwer zu warten, sie werden sich sofort die Aufmerksamkeit holen und losreden. Ältere Kinder wollen erst mal in Ruhe gelassen werden und im wahrsten Sinne alles fallen lassen. Ihnen Zeit geben und tolerant sein vermeidet in diesen Fällen Bedürfniskonflikte.

In vielen Familien gibt es durch den ausgefüllten Tag in Tageseinrichtungen und im Beruf erst am Abend eine gemeinsame Mahlzeit. Wenigstens ein Elternteil sollte dann mit am Tisch sitzen. Dann können alle Familienmitglieder über den Tag sprechen und Informationen austauschen. Führen Sie aber bitte keine Konfliktgespräche bei Tisch, das verdirbt nicht nur die Stimmung, sondern auch den Appetit! Machen Sie dafür eine Extrazeit noch vor dem Zubettgehen aus. Ältere Kinder öffnen oft ihre Kummerkiste erst, wenn sie schon im Bett liegen. Dann sollten Sie sich unbedingt die Zeit nehmen, um mit offenen Wahrnehmungskanälen zuzuhören.

Abendrituale helfen, vom Tag loszulassen. Kinder brauchen für einen abgemachten Zeitraum die ungeteilte Aufmerksamkeit eines Elternteils. Planen Sie etwa 30 Minuten für Kuscheln, Erzählen oder Vorlesen ein, danach kommen die Badezimmerrituale und ein Gutenachtlied. Wieder sind 30 Minuten die Regel. Die meisten Kinder sind dann kooperativ, es wird kaum zu Konflikten kommen, denn das Kind hat noch einmal genügend Aufmerksamkeit bekommen. Wundern Sie sich nicht, wenn Ihr Kind immer dieselbe Geschichte, dasselbe Lied oder Gebet hören möchte. Das gibt ihm Halt und Geborgenheitsgefühle.

In Familien, in denen diese Rituale nicht stattfinden oder nur unregelmäßig und in denen keine Zeitregeln eingehalten werden, wird es immer wieder zu Konflikten kommen. Denn Kinder fordern Aufmerksamkeit ein, die Erwachsenen wollen endlich ihren Feierabend.

FAZIT:
Bedürfniskonflikte lassen sich vermeiden oder einschränken, wenn alle Familienmitglieder eine Tagesstruktur einhalten, Regeln aufstellen, Rituale anwenden und sich Zeit nehmen für ungeteilte Aufmerksamkeit.

Erwartungen an das Kind reflektieren

Zu hohe Erwartungen an das kindliche Verhalten oder die Leistungen, die das Kind erbringen soll, können tagtäglich Druck und belastende Emotionen auslösen. Aber auch Mütter setzen sich unter Druck, indem sie ihre Kinder mit anderen vergleichen oder meinen, dass andere Mütter Haushalt, Kind und Beruf viel lockerer und besser organisieren als sie selbst. Diese Enttäuschung bekommen Kinder dann verbal über destruktive Du-Botschaften zu spüren. Eltern wollen stolz auf ihre Kinder sein, sie sollen es einmal besser haben als sie oder in ihre „Fußstapfen" treten. Sie sehen die Kinder als ein Projekt, das gelingen muss. Eltern haben auch Erwartungen an die Auswahl der Schule, die Freunde der Kinder und die Freizeitaktivitäten.

Sobald das Kind ihren Erwartungen nicht entspricht, sind sie enttäuscht und machen sich selbst und dem Kind Vorwürfe und sorgen somit für Spannungen. Die meisten Erwartungskonflikte entstehen dadurch, dass es Eltern schwerfällt, im Hier und Jetzt zu bleiben. Sie treiben ihre Kinder an mit der Gefahr, sie zu überfordern: „Du sollst mal Arzt werden wie Papa, dann verdienst du viel Geld!" Oder sie resignieren und werten ihr Kind ab: „Ich sehe schon, bei dir sind Hopfen und Malz verloren. Wenn du so weitermachst, landest du unter der Brücke!", „Bei diesem Zeugnis müssen wir uns ja schämen!"

Kinder können bei zu hohen Erwartungen entweder in Widerstand gehen oder sie verhalten sich so, wie ihre Eltern sie haben möchten, und trauen sich nicht mehr, ihre Wünsche, Bedürfnisse und Gedanken offen zu kommunizieren. Sie verhalten sich überangepasst, um Zuwendung zu bekommen. Sie haben gelernt, dass nur die Leistung und der Schein nach außen zählen, nicht sie als Person mit ihren Stärken und Schwächen.

Überprüfen Sie gemeinsam als Eltern, welche Erwartungen Sie an sich selbst, an Ihren Partner, an eine Institution haben. Sind diese Erwartungen dem jetzigen Zeitpunkt und Alter des Kindes angemessen oder überzogen? Vielleicht sind es auch zu viele?

Haben Sie Ihrem Kind Ihre Erwartungen als Ich-Botschaft vermittelt? Wie reagiert es darauf? Meistens erwarten wir stillschweigend, dass sich der andere nach unseren Wünschen verhält, oder sind uns selbst nicht bewusst, mit welchen Erwartungen wir uns bei der Erziehung unter Druck setzen. Gehen Sie offen mit Ihren Ansprüchen um und entrümpeln Sie mutig zu viele und zu hohe. Versuchen Sie immer wieder, das Alter Ihres Kindes zu berücksichtigen und seine Persönlichkeit. Jedes Kind ist anders!

Erwartungen werden häufig von Generation zu Generation weitergegeben. Seien Sie also kritisch und erinnern Sie sich, wie es Ihnen als Kind ging, wenn Sie sich von den Vorstellungen Ihrer Eltern „erdrückt" fühlten. Wurden die elterlichen Wünsche wertschätzend vermittelt oder als Anordnungen? Fühlten Sie sich ermutigt oder entmutigt? Bekamen Sie die elterliche Aufmerksamkeit überwiegend über die erbrachte Leistung oder fühlten Sie sich als Kind geliebt, unabhängig von Ihrem Verhalten?

Diese Selbstbefragung ist der erste Schritt, um Erwartungskonflikte aufzulösen. Im Kapitel „Faire Konfliktgespräche" wird darauf noch einmal eingegangen.

Unvermeidbare Konflikte

Geschwisterstreit

Wenn Sie mehrere Kinder haben, sind Konflikte nicht vermeidbar. Alle wollen ihre Grundbedürfnisse erfüllt bekommen, müssen sich aber die Aufmerksamkeit, die Liebe der Eltern teilen. Erstgeborene haben es dabei besonders schwer, da sie eine Zeit lang ganz im Mittelpunkt der elterlichen Aufmerksamkeit standen. Ob ein Elternteil mit Geschwistern aufgewachsen ist oder als Einzelkind, beeinflusst die Art und Weise, wie mit diesen Konflikten umgegangen wird.

Erwartungen wie „Es ist so schön, wenn Kinder miteinander aufwachsen. Sie lieben sich und sie sollen friedlich miteinander spielen. Sie beschäftigen sich untereinander und sind nicht nur von den Eltern abhängig" werden sich aber nicht immer erfüllen. Gerade dann, wenn ein gemeinsames Essen ansteht, Besuch kommt, ein Ausflug stattfinden soll, bei einer längeren Autofahrt oder wenn die Kinder am Ende des Tages müde sind, treten bevorzugt Zankereien und Gerangel auf, oft begleitet von beträchtlicher Lautstärke. Appelle wie: „Ärgert euch nicht schon wieder, vertragt euch!", „Bei Tisch wird nicht gestritten" laufen ins Leere.

Meistens handelt es sich hier um Bedürfniskonflikte. Jedes Kind möchte Aufmerksamkeit, das ältere Kind fühlt sich vom jüngeren Geschwister gestört, genervt. Das jüngere will alles schon genauso machen wie das ältere. Der Erstgeborene muss vielleicht immer Rücksicht auf die Kleineren nehmen: „Du bist doch der Große!" Mit solchen Sätzen werden schnell Eifersuchtsgefühle ausgelöst. Mischen Eltern sich zu früh in den Geschwisterstreit ein oder ergreifen gar Partei für ein Kind, fühlt sich das andere schnell ungerecht behandelt, es wird sich wehren oder beleidigt reagieren. Das Kind denkt: „Meine Eltern haben meinen kleineren Bruder viel lieber!" Die Situation ist verfahren, denn es wird Sieger und Verlierer geben. Kinder lernen somit nicht, Konflikte selbst zu lösen, sie werden für die Lösung immer einen Elternteil benötigen – entweder petzen sie oder sie gehen sofort in die Opferrolle, indem sie über Geschrei Hilfe herbeiholen. Dann ist der andere immer der Böse und der fühlt sich in seiner Eifersucht bestätigt.

Ein zu großes Harmoniebedürfnis kann Kinder seelisch erdrücken, sie fühlen sich in ihren unterschiedlichen Bedürfnissen nicht ernst genommen und müssen um des lieben Friedens willen ihre Meinungen zurückhalten. Es lernt: „Wie es mir wirklich geht, interessiert niemanden." Konflikte oder Streit lösen Angst aus und werden im Erwachsenenleben als Katastrophe erlebt, wenn man als Kind nicht gelernt hat, seine Meinung äußern zu dürfen. Dabei regeln Kinder ihre Probleme altersgemäß. Wir sollten ihnen vertrauen und ihnen dabei mit Kommunikationsregeln helfen. Am besten, indem wir als Eltern selber ein gutes Vorbild geben und versuchen, dem anderen zuzuhören und uns auch schnell wieder zu versöhnen, wenn es mal kracht. Schweigen und Liebesentzug dagegen lösen Angst und Unsicherheit aus. Kinder sollen lernen sich zu entschuldigen, wenn sie absichtlich jemanden kränken wollten. Auch Eltern sollten unbedingt um Entschuldigung bitten, wenn sie einem Kind Unrecht getan haben oder in ihren verbalen Äußerungen abwertend waren.

Aggressionen können bei Geschwistern sehr plötzlich auftreten, dienen aber meist dazu Kräfte zu messen, Macht auszuüben, Kontakt aufzunehmen oder auch zur Abgrenzung. Im Vorschulalter wird sich das Kind noch mit viel Körpereinsatz durchsetzen. Ältere Geschwister werden zunehmend versuchen, ihre Konflikte zu verbalisieren, wenn auch meistens lautstark. Einfache faire Regeln helfen den Geschwistern, ihren Konflikt nicht zum Streit eskalieren zu lassen. Zum Beispiel: „In unserer Familie wird nicht geschlagen. Wenn du wütend bist, sage es" – also Worte statt Taten. Oder: „Der Ältere gibt auch mal nach", also Deeskalation. „Wenn du Ruhe möchtest, darfst du dich abgrenzen" – im engen Auto müssen notfalls die Plätze getauscht werden.

Auch bei Tisch hat eine Veränderung der Sitzordnung schon Wunder bewirkt. Unterschiedliche Zubettgehzeiten können helfen, Konflikte zu vermeiden. Ältere Kinder sollten nicht zu sehr als „Babysitter" eingesetzt oder gar dem Jüngeren gleichgestellt werden. Sie benötigen Privilegien, damit die Geschwisterhierarchie stimmig ist. Bei nicht sofort lösbaren Konflikten zwischen älteren Geschwistern sollte ein Familienrat einberufen werden, um den beiden Streithähnen Gelegenheit zu geben, die Gründe auszusprechen, und mit einem fairen Konfliktgespräch zu versuchen, Lösungen zu finden.

Ein großer Irrtum und damit auch Auslöser für einen Geschwisterstreit besteht in der Erwartung der Eltern, alle Kinder gleich zu lieben und egal welchen Geschlechts gleichzubehandeln! Das wird nicht funktionieren!

Jedes Kind, außer Zwillingen, befindet sich in einer anderen Entwicklungsphase und benötigt damit unterschiedliche Aufmerksamkeit. Jedes kleine Familienmitglied findet seine Rolle in der Familie. Das eine ist so pflegeleicht, das andere schafft es immer, im Mittelpunkt zu stehen, das dritte war schon immer auffällig! „Mit unserem Sohn gibt es immer Probleme, dafür ist unsere Tochter der Sonnenschein!", „Meine Lieblingstochter, Papas Liebling" sind klassische Sätze, die diese Situation beschreiben. Sowohl eine negative Zuschreibung als auch eine positive kann für das Kind eine lebenslange Bürde sein, denn jetzt muss es sich ja so verhalten, wie die Eltern es sehen wollen. Damit wird es zwischen Bruder und Schwester immer wieder Konflikte geben, da sich einer benachteiligt fühlt. In wie vielen Familien mit mehreren Kindern gibt es ein schwarzes Schaf und ein Vorzeigekind! Wie haben Sie es in Ihrer Ursprungsfamilie erlebt? Welche Rolle hatten Sie in der Geschwisterhierarchie? Geben Sie bisher unbewusst Muster weiter?

Eltern-Eltern-Konflikte

Auch Eltern-Eltern-Konflikte sind leider oftmals unvermeidbar. Jede Frau und jeder Mann ist durch die eigene Ursprungsfamilie geprägt worden. Daher werden sich, sobald das erste Kind in das erziehungsfähige Alter kommt, die Unterschiede in der Erziehungseinstellung bemerkbar machen. Wie bei den Eltern-Kind-Konflikten handelt es sich in der Regel um Bedürfniskonflikte. Das erstgeborene Kind steht jetzt voll im Mittelpunkt, nicht mehr der geliebte und bis dahin einzigartige Partner. Spontane Partnerzeit und Intimität werden empfindlich weniger, das Kind fordert die ganze Kraft und Aufmerksamkeit. Wird das Kind größer, gibt es genügend Zielkonflikte. Der eine Elternteil trägt die Erziehung und die Betreuung der Kinder nach und nach immer mehr alleine und fühlt sich im Stich gelassen. Der andere Elternteil macht Karriere oder möchte nicht zurückstecken. Die wenige verbleibende Zeit wird dann den Kindern gewidmet und der Partner fühlt sich, als wenn er zu kurz kommt.

Viele Frauen gehen spätestens nach dem zweiten Kind ganz in der Kinderbetreuung auf und der Mann kommt sich nur noch als Erzeuger und Brötchenverdiener vor. Doch auch er hat noch Bedürfnisse nach Nähe. Vielleicht ist er ein gestresster Wochenendpapa oder er holt sich die Zuneigung über Privilegien wie am Sonntag mit den Kindern etwas ganz Tolles machen. Den anstrengenden Erziehungsalltag bekommen viele Väter durch auswärtige Jobs nicht mehr mit.

Wenn Frauen weiterhin ihrer beruflichen Karriere nachgehen wollen oder nach der Erziehungspause wieder in den Beruf eintreten möchten, verlangen Sie von ihrem Partner, sich mehr in die Familie einzubringen. Alte Rollenbilder sind zwar heutzutage verpönt und Männer zunehmend bereit, Erziehungszeit zu nehmen, das Leben mit Kindern lässt sich aber nicht gerecht aufteilen. Im Kleinkindalter übernehmen nach wie vor überwiegend Frauen die Erziehungsaufgabe und managen ihre Familie, viele fühlen sich dabei aber weder vom Partner noch von der Gesellschaft in ihrer Leistung anerkannt. Sind die Rollen vertauscht und der Vater steht am Herd und versorgt die Kinder, wird ihm von der Gesellschaft meist volle Bewunderung ausgesprochen. Über Jahre schwelender, nicht direkt ausgesprochener Frust zwischen den Partnern ist ein Pulverfass! Konflikte werden häufig indirekt über die Kinder ausgetragen, indem jeder den anderen in seinem Erziehungsverhalten kritisiert: „Du bist zu streng", „Du bist zu weich, du lässt dir auf der Nase rumtanzen", „Du bist wie deine Mutter … deine Tochter wickelt dich um den Finger", „Du machst deinen Sohn zum Mamakind", „Kein Wunder, dass du so autoritär bist, schau doch deinen Vater an." Kinder haben gute Ohren und Sensoren und reagieren verunsichert auf diese elterlichen Konflikte. Sie ergreifen entweder Partei und kommen damit in einen Loyalitätskonflikt oder sie verlieren den Respekt vor einem Elternteil und werden ihm gegenüber aggressiv. Oder sie reagieren genervt, ziehen sich zurück, ihre Schulleistungen lassen nach oder sie reagieren durch andere Verhaltensauffälligkeiten.

Aussagen der Kinder spiegeln das Verhalten der Eltern:

- „Mein Papa ist immer so stur, bei Mama bekomme ich alles."
- „Mama ist so schlecht drauf, sie sieht immer gleich das Schlimmste, wenn ich was nicht machen will."
- „Mit Mama kann ich nicht mehr über meine Sorgen reden. Sie nimmt alles persönlich und fängt dann an zu weinen, dann hab ich immer Schuldgefühle."
- „Mama sagt, Papa ist so gemein zu ihr. Da mag ich ihn auch nicht mehr, aber er ist doch mein Papa."
- „Mit meinen Eltern rede ich nicht mehr, bei jedem Essen gibt es Streit, das kotzt mich an."
- „Tagelang gibt es dicke Luft bei uns. Wie es mir geht, interessiert die gar nicht."
- „Meine Eltern streiten so viel. Da habe ich Mama gesagt, trenn dich doch von Papa, aber ich habe Angst, wenn sie es tut!"
- „Mama brüllt immer gleich los, ich glaub Papa hat eine Freundin."
- „Papa tut mir so leid, Mama schimpft ihn immer und er sagt dann, eurer Mama kann ich es nie recht machen."
- „Wenn bei uns die Türen fliegen und meine Eltern rumbrüllen, schlüpfe ich zu meinem großen Bruder ins Bett und halte mir die Ohren zu."

Regeln helfen, das Familienleben zu regulieren

Machen Sie sich zunächst bewusst: Kinder sind erst mal abhängig durch ihre Bedürfnisse. Eltern sind Wegbegleiter, nicht Dompteure. Kinder können nicht gleichbehandelt und gleichgeliebt werden. Geschwister haben unterschiedliche Ziele, aber gleiche Grundbedürfnisse nach Aufmerksamkeit und Wertschätzung und sie sind täglich Konkurrenten um die Liebe der Eltern.

Nehmen Sie diese Regeln als Grundlage für Ihr eigenes handeln:

- Lassen Sie Ihre Kinder ihre Konflikte selbst lösen.
- Greifen Sie nur ein, um zu deeskalieren. Trennen Sie die Streithähne, werden Sie aber nicht parteiisch!
- Bevorzugen Sie kein Kind offensichtlich, in Gedanken werden Sie unterschiedliche Sympathien haben.
- Achten Sie auf Ihren Partner. Konflikte sind häufig un-ausgesprochene Bedürfnisse nach Nähe, Intimität und Unterstützung.
- Es ist unfair, über die Kinder Partnerkonflikte auszutra-gen.
- Erkennen Sie die Auslöser für vermeidbare Konflikte und beugen Sie vor.
- In jedem steckt Gutes und weniger Gutes. Worauf wird in Ihrer Partnerschaft und Familie der Fokus gerichtet?
- Es lohnt sich, das „Gute" zu hegen und das „Schlechte" zu jäten.
- Nehmen Sie unvermeidbare Konflikte als Chance, damit zu wachsen.
- Seien Sie ein gutes Modell für eine faire Konfliktlösung.

- Immer nur nachgeben ist Feigheit!
- Nie nachgeben ist Sturheit!
- Nicht reden ist Dummheit!
- Nicht handeln ist Bequemlichkeit!

Kinder spiegeln in ihren Aussagen und ihrem Verhalten Spannungen und Konflikte zwischen den Erwachsenen! Sie sind die Jüngsten im Familiensystem und können nur reagieren, sie kennen die Gründe für die elterlichen Konflikte nicht und können nichts verändern. Erst bei massiven Verhaltensauffälligkeiten besinnen sich Eltern. In der Fürsorge um das Kind erkennen sie ihre gemeinsame Aufgabe wieder und sind vielleicht bereit, in die Beziehung zu investieren. Gehen Sie fair mit Ihrem Partner um und haben Sie Mut, Konflikte offen anzusprechen. Denken Sie immer wieder an das Mobile! Konflikte können aufgedeckt werden und damit verändert werden. Krisen, die durch vermeidbare oder unvermeidbare Konflikte ausgelöst wurden, können als Chance genutzt werden, um als Familie zusammenzuwachsen. Seien Sie als Eltern den Kindern ein gutes Modell, wie Konflikte gelöst werden können, ohne dass ein Familienmitglied zum Sieger oder Verlierer wird.

Unvorhersehbare Konflikte

Darunter versteht man Ereignisse, die Menschen völlig überraschen, aus der Bahn werfen, das Lebensskript zerstören oder das Vertrauen zum Partner: die Geburt eines behinderten Kindes, der Arbeitsplatzverlust des Ernährers, eine lebensbedrohliche Krankheit, ein Unfall mit Folgen an Leib und Seele oder eine Katastrophe, die Hab und Gut der Familie zerstört. Besonders einschneidend sind der plötzliche Tod eines Familienmitgliedes oder eine Außenbeziehung des Partners, die zufällig aufgedeckt wird und zur Trennung führt. Darauf sind Menschen in der Regel nicht vorbereitet. Es fehlen die Bewältigungsmechanismen. Nach dem ersten Schock muss sich jeder neu orientieren. Wenn Kinder ihre Eltern – ihr vertrautes, Halt gebendes System – aus der Fassung gebracht erleben, werden sie tief verunsichert reagieren. Es gibt viele sehr gute Unterstützungssysteme und professionelle Helfer, die Tag und Nacht zur Verfügung stehen und deren Hilfe Sie in Momenten der Not unbedingt in Anspruch nehmen sollten, um weitere und anhaltende Schäden möglichst zu vermeiden.

FAZIT:
Jedes Kind ist ein Individuum und hat das Recht, als solches gesehen und angenommen zu werden!
Überprüfen Sie Ihre Erwartungen an Ihren Partner und an Ihr Kind. Sie sollten der Lebenssituation angemessen sein und im Hier und Heute gestellt werden. Die Erwartungen an das Kind sollten altersgerecht, weder zu hoch noch zu niedrig sein.

Faire Konfliktlösung mit einem Familienrat und im Dialog

Wenn Familien zusammensitzen, bei gemeinsamen Mahlzeiten, wenn Besuch kommt oder auch bei längeren Autofahrten, wird ja in der Regel viel geredet, geplaudert, jeder möchte etwas sagen. Je mehr Personen, umso größer die Lautstärke. Selten wird wirklich gut zugehört, denn jeder möchte schnell seine Neuigkeiten loswerden oder seinen Kommentar abgeben. Es kann sehr lustig zugehen, denn Kinder sind wunderbare Unterhalter. Werden die Themen ernster, verwandeln sie sich zu Clowns und können damit gut ablenken. Diese Familientreffs können anstrengend sein, die Grundbedürfnisse nach Nähe und Aufmerksamkeit sowie Austausch werden aber befriedigt.

Es gibt aber auch Familien, in denen fast jedes Zusammentreffen in unguter Stimmung endet. Entweder hat nur einer das Wort, es wird angeklagt, gejammert, nur das Schlechte, was nicht funktioniert, erwähnt. Bei solchen Gelegenheiten trifft es meist einen, egal ob Elternteil oder Kind, der angeklagt oder sogar bloßgestellt wird. Ungute Stimmung sorgt dafür, dass jeder schnellstmöglich aus diesem Zusammensein wieder heraus möchte oder er vermeidet solche Zusammenkünfte zukünftig ganz. Schweigen oder dass nur das Nötigste ausgetauscht wird, sind die

Folge. In solchen Situationen wird es Bedürfniskonflikte geben. Es gibt auch Familien, die das Miteinanderreden verlernt haben und sich anschweigen, frei nach einem schwäbischen Sprichwort: „Net g'red, is g'nuag g'sagt!"

Damit Familien das Miteinanderreden wieder lernen und als angenehm empfinden, sollte – als wichtiges Ritual oder anfangs als Regel – einmal in der Woche ein Familienrat stattfinden. Dafür werden ein fester Tag und ein fester Zeitpunkt festgelegt, der für alle machbar sein sollte. So einen gemeinsamen Termin zu finden, grenzt bei sehr beschäftigten Eltern mit Schulkindern schon an ein Wunder. Nach dem Frühstück am Sonntag bleibt vielleicht als einziger machbarer Termin übrig. Die Eltern, ein Großelternteil, wenn es mit in der Familie lebt, und das Kind/die Kinder sind alle gleichberechtigte Teammitglieder. Jetzt geht es nicht ums Plaudern, sondern um einen Austausch, um Rückmeldungen, wie sich jeder gerade in der Familie fühlt. Es wird angesprochen, was gut klappt, wo es Schwierigkeiten gibt, wann Veränderungen anstehen, wie Aufgaben verteilt und eventuell neue Regeln aufgestellt oder verändert werden. Es geht also überwiegend um die Mitteilung von Erwartungen, Wünschen, Bedürfnissen und Emotionen. Damit auch jeder zu Wort kommen kann und ihm zugehört wird, empfehlen sich Kommunikationsregeln, die sich schon vielfach bewährt haben. Diese sollten beim ersten Familienrat allen vorgestellt werden.

Kommunikationsregeln für den Familienrat

Zu Beginn wird ein Gesprächsleiter festgelegt, der für die Einhaltung der Kommunikationsregeln sorgt und die Themen sammelt.

- Störungen haben immer Vorrang!
- Legen Sie eine Zeit fest, die für alle passt.
- Führen Sie ein Stimmungsbarometer ein mit der Skala sehr gut – gut – schlecht – sehr schlecht.
- Jeder trägt sein Anliegen als Ich-Botschaft vor. So kann jeder hören – und am Verhalten sehen –, was der Sprecher denkt und wie er darüber empfindet.
- Niemand wird unterbrochen oder ausgelacht. Der Sprecher wird ernst genommen, auch die Kleinsten!
- Nach drei Sätzen gilt „Stopp", sonst wird es zu viel Information für die anderen Zuhörer.
- Die anderen oder ein Familienmitglied, das sich angesprochen fühlt, sagt, was es gehört hat und wie seine Empfindungen sind.
- Alle Teilnehmer hören mit dem dritten Ohr zu. Das fällt anfangs allen schwer, denn schnell wird interpretiert oder abgewehrt.
- Jeder darf reihum zu Wort kommen.
- Vorwürfe werden sofort gestoppt und sollten in Wünsche verwandelt werden.
- Wünsche können erfüllt werden, nur teilweise oder auch gar nicht.

- Die Regeln werden für alle Familienmitglieder verständlich formuliert und erklärt.
- Wenn nicht alles gesagt und besprochen werden konnte, weil die Zeit um ist, wird dieser Punkt für den nächsten Familienrat aufgehoben, wenn er die ganze Familie betrifft (z. B. Freizeitplanung, Feste, Urlaub). Handelt es sich aber um einen Konflikt mit einem anderen Familienmitglied, sollte dafür möglichst bald ein Extratermin für ein Konfliktgespräch ausgemacht werden.
- Worüber Sie reden wollen, wird vor Beginn besprochen. Es geht darum, aktuelle Probleme zu lösen, nicht Streitereien, die schon lange schwelen, bei denen braucht es dann dringend ein Konfliktgespräch.
- Das Gespräch sollte 30 bis maximal 45 Minuten dauern, solange bleiben alle im Raum!
- Auch wenn nicht alles angesprochen werden konnte, würde ein längeres Gespräch Gefahr laufen zu kippen, die Konzentration lässt nach und die Stimmung kann umkippen. In der Kürze liegt die Würze.
- Telefonanrufe und die Türklingel werden ignoriert.
- Die Bedürfnisse wie Hunger, Durst und Toilettenbesuche sollten vorher gestillt werden.
- Den Zeitpunkt des Treffens sollten Sie so wählen, dass die Kinder nicht zu müde sind, sonst lässt die Aufmerksamkeit zu schnell nach und es wird gequengelt oder abgelenkt.
- Je kleiner die Kinder, desto kürzer die Konzentrationsspanne.

- Schon Vierjährige können offen ihre Wünsche, Erwartungen und Bedürfnisse ausdrücken. Trauen Sie es Ihnen zu und ermutigen Sie Ihre Kinder zu reden. Bei den emotionalen Botschaften und Empfindungen sollte ein Erwachsener durch „Zuhören mit dem dritten Ohr" dolmetschen.

- Da kleine Kinder noch schlecht warten können, dürfen sie als Erste anfangen zu reden. Sie sind in der Regel unbefangen und spontan in ihren Äußerungen. Kinder fühlen sich im Familienrat ernst genommen, sie lernen sich immer besser auszudrücken und hören oft zum ersten Mal, wie Erwachsene denken und empfinden. Das wiederum stärkt ihr Mitgefühl und den Gemeinschaftssinn. Erwachsene sind oftmals gehemmter als Kinder, da ihre Gedanken schnell in die Vergangenheit oder in die Zukunft abdriften. Sie haben Angst, ihre Autorität zu verlieren, oder befürchten ausgenutzt zu werden. Für die Großelterngeneration wird es ungewohnt sein zu erleben, dass alle Beteiligten gleichbehandelt und ihre Anliegen ernst genommen werden.

Feedback-Runden für die Familiengemeinschaft

Durch die vielen Regeln klingen Familienkonferenzen etwas mühselig. Doch fangen Sie an, es lohnt sich! Durch regelmäßige Zusammenkünfte der Familie mit Feedback-Runden läuft Ihre Gemeinschaft wieder runder. Konflikte werden weniger, da sie oft schon im Keim aufgedeckt werden.

Falls ein Familienmitglied erst mal ablehnt mitzumachen, senden Sie Ich-Botschaften, denn jede Meinung ist wichtig, jedes Mitglied ist wichtig! Ein stressfreierer Umgang in der Familie kommt jedem zugute.

Jedes Verhalten, das zu wenig gezeigt wird oder noch nicht gelernt wurde, sollte ausprobiert und regelmäßig geübt werden. Ein Samen alleine macht auch noch keine Pflanze! Der Keimling muss gehegt und gepflegt werden, damit er wachsen kann.

Zeigen Sie Geduld und Verständnis, wenn es beim ersten Familienrat noch chaotisch zugehen sollte. Jeder braucht seine Zeit der Umstellung und muss sich erst an die Kommunikationsregeln gewöhnen, sie immer wieder üben. Als Gesprächsleiter sollten Sie ermuntern und immer wieder Hilfestellung geben. Bitte geben Sie nicht auf und kritisieren Sie nicht: „Das hat ja keinen Sinn mit euch, das bringt doch nichts." Besser ist: „Als Familie sind wir wie eine kleine Firma. Der Leiter möchte, dass es allen Mitarbeitern gut geht. Nur so sind diese motiviert, ihre Arbeit gut zu tun und Regeln einzuhalten. Damit regelmäßig ein Austausch stattfinden kann, gibt es einmal in der Woche eine Teamsitzung. Ein Teammitglied übernimmt dabei die Gesprächsführung. So machen wir es zukünftig auch und fangen heute damit an."

Beispielgespräch für den Familienrat
Familie Meier hat zwei Kinder, Marion ist sechs und Max acht Jahre alt. Nach dem Sonntagsfrühstück räumen alle

gemeinsam den Tisch ab und setzen sich dann im Wohnzimmer im Kreis auf den Teppich. So kennt es Marion aus dem Kindergarten. Alle sind gespannt, was Mama nun vorhat. Max würde lieber draußen spielen, aber Mama hat ihn überzeugt, dazubleiben, weil er wichtig ist. Herr Meier schielt zur Wochenendausgabe der Zeitung, er würde jetzt viel lieber lesen.

Meiers legen erst einmal 30 Minuten fest. Die hält jeder durch. Frau Meier übernimmt heute die Gesprächsführung, da sie sich vorbereitet hat. Sie erklärt die Kommunikationsregeln und fragt nach den Themen. Ihr Thema ist Mithilfe im Haushalt. Marion möchte, dass Max sie nicht soviel ärgert und auslacht, wenn sie etwas nicht kann. Max möchte, dass Mama endlich ihr Versprechen einhält, ihm Sportschuhe zu kaufen. Herrn Meier fällt zunächst nichts ein. Danach fragt Frau Meier nach dem Stimmungsbarometer, also wie sich jeder gerade in der Familie fühlt. Sie hat ein großes Barometer aufgemalt: Schwarz ist Tiefdruck, Rot ist Hochdruck. Alle zeigen auf Rot. Marion darf nun anfangen.

„Der Max ist immer so gemein zu mir und lacht, wenn ich die Schuhe falsch binde. Er boxt mich dann immer in die Seite, das tut mit weh."

Frau Meier bittet Marion, Max direkt anzusprechen und ihm in Ich-Form zu sagen, was sie von Max möchte. Marion hat Tränen in den Augen und wartet.

Max zappelt rum und zeigt Marion den Vogel.

Vater: „Max, benimm dich!"

Die Mutter sagt „Stopp" und erinnert an die Regeln. Sie versucht mit dem dritten Ohr zuzuhören.

„Max, Marion möchte dir sagen, dass es ihr wehtut, wenn du sie boxt oder sie auslachst, weil sie ihre Schuhe nicht richtig bindet. Stimmt das so, Marion?" Marion nickt.

„Sag deinem Bruder, was du dir von ihm wünschst." Sie lächelt Marion an und legt den Arm auf ihre Schulter.

Marion schafft es, jetzt zu sprechen: „Ich möchte, dass du mir hilfst, weil es so lange dauert, die Schuhe zuzubinden und ich es falsch mache."

Mutter: „Prima, Marion, jetzt hast du Max offen deinen Wunsch gesagt. Max, kannst du bitte Marion antworten, was du gehört hast?"

Max: „Na gut, dann helfe ich dir eben, dein Geheule nervt mich eh."

Mutter: „Max, was nervt dich wirklich? Fällt es dir schwer Geduld zu haben, wenn Marion länger braucht als du?"

Max: „Nein, es nervt mich, weil ihr immer gleich gerannt kommt, wenn sie heult und ich dann geschimpft werde. Sie ist ja Papas Liebling."

Vater: „Was redest du da für einen Blödsinn!"

Mutter: „Stopp!" Sie legt ihrem Mann die Hand auf den Oberarm. „Max, meinst du damit, Marion wird von uns mehr geliebt und bevorzugt als du und das ärgert dich?"

Max: „Ja, das finde ich so gemein. Nur weil sie ein Mädchen ist, darf sie ständig heulen und bekommt dann alles gemacht."

Mutter: „Max, danke, dass du so offen bist, ich kann deinen Ärger verstehen. Für dich wirkt das ungerecht, weil du als der Ältere schon vieles alleine machen kannst und das für uns so selbstverständlich ist. Ich möchte da zukünftig aufpassen und dich mehr loben. Marion möchte ich mehr zutrauen. Du hast recht, über Weinen bekommt sie viel Aufmerksamkeit."

Max: „Danke Mama, dass du mich verstehst, aber Papa hat noch gar nichts gesagt, der schimpft mich immer gleich."

Vater: „Max, du musst immer übertreiben, wir haben euch doch beide gleich lieb."

Mutter: „Hans, hast du gehört, was Max gesagt hat? Er fühlt sich manchmal zu Unrecht von dir geschimpft. Lass uns zwei noch mal darüber reden, wie wir Marion selbstständiger werden lassen und Max mehr Aufmerksamkeit geben können. Max, vielleicht solltest du mit Papa auch noch mal alleine sprechen. Unsere 30 Minuten sind leider schon um. Wir schaffen nicht alle Themen. Für unseren ersten Familienrat haben wir das ganz gut gemacht. Mein Thema kann bis zum nächsten Mal warten! Und Max: Am Montagnachmittag gehen wir zwei in die Stadt und du bekommst endlich die versprochenen Schuhe. Es tut mir leid, dass du solange warten musstest. Nächsten Sonntag setzen wir uns zum zweiten Familienrat zusammen, denn Üben macht uns stark."

Bravo, Frau Meier! Das war für den Anfang nicht leicht. Es gab genügend Auslöser, in alte Kommunikationsmuster zu verfallen. Aber Sie haben sich an die Vorgaben gehalten und immer wieder versucht, mit dem dritten Ohr zuzuhören und zu übersetzen, damit die anderen verstehen können, was hinter dem beklagten Verhalten für Motive und Emotionen stecken. Ihrem Mann fällt es noch schwer, offen zu kommunizieren. Sie haben ihn nicht kritisiert, sondern versucht, die Motive des Sohnes zu erklären und darum gebeten, sich im Paargespräch über unterschiedliche Erziehungseinstellungen auszutauschen. Sie haben jeden ermutigt und mit nonverbalen Gesten unterstützt. Alle Beteiligten fühlten sich somit angenommen. Keiner geht als Sieger oder Verlierer.

Es kann durchaus sein, dass Max im Haushalt wieder mehr mithilft, da er sich angenommen und verstanden fühlt.

FAZIT:

- Wenn Familien sich regelmäßig in einem Familienrat offen austauschen, der nach festen Kommunikationsregeln abläuft, ist das der bestmögliche Weg, Alltagskonflikte schnellstmöglich zu klären und Änderungen gemeinsam zu finden.
- Kinder lernen über diesen offenen Austausch, mehr Verantwortung für das Familiengefüge zu übernehmen, und erfahren, dass auch Eltern ähnliche Wünsche und Empfindungen haben wie sie selbst. Kinder lernen teamfähig zu werden, was sie in ihrer Gruppe der Gleichaltrigen im Kindergarten und in der Schule gut anwenden können und ihnen somit eine soziale Kompetenz verleiht. Eltern fühlen sich in ihrer Erziehungsaufgabe nicht mehr alleine und werden zum Familiencoach.
- Das Motto sollte lauten: Miteinander, nicht gegeneinander!
- Dialoge statt Monologe!

Wann externe Hilfe nötig ist

Es kann aber trotz aller guten Vorsätze in jeder Familie Spannungen geben, die in dem Kapitel „Unvermeidbare Konflikte" beschrieben wurden. Dann sollten Eltern die Regeln des fairen Konfliktgespräches lernen und anwenden. Da dieser Ablauf sehr ungewohnt ist und in der Regel eher von Fachleuten angewendet wird, erhalten Sie ein Schema zur Durchführung. Hilfreich ist, einen Gesprächsleiter zu bitten, auf die Regeleinhaltung zu achten, da die Beteiligten schnell in ein emotionales Fahrwasser geraten können und dann alle guten Vorsätze für ein faires Konfliktgespräch weggespült werden. Alte, destruktive Kommunikationsmuster sind ja lange eintrainiert und an die Kinder weitergegeben worden.

Neues Sprechverhalten braucht Zeit und Geduld, aber Übung und nochmals Übung führt zum Erfolg oder besser gesagt zu einer fairen Lösung des Konfliktes.

Solange noch miteinander geredet wird und vor allem, wie, ist essenziell, dann lassen sich auch Lösungen finden.

Ist ein Miteinander nicht mehr möglich und wird nur noch gestritten, handelt es sich um einen pathologischen Konflikt, dann ist dringend fachliche Hilfe angesagt. Wenn Reden nichts mehr hilft und „das Kind bereits in den Brunnen gefallen ist", ist Handeln angesagt. Sie sollten dann eine Beratungsstelle mit Mediatoren und heilpädagogische Maßnahmen für die Kinder aufsuchen und sich Hilfe von außen holen.

Faire Konfliktgespräche

Alltagskonflikte, vor allem vermeidbare, sollten regelmäßig in einem Familienrat besprochen werden. Betrifft der Konflikt nur zwei Familienmitglieder, können diese sich zu einem fairen Konfliktgespräch zusammensetzen. Vor allem, wenn es sich dabei um ein Problem handelt, das immer wieder auftritt und auf beiden Seiten negative Emotionen auslöst.

Kommunikationsregeln für Konfliktgespräche

Dabei sollten die Gesprächsteilnehmer versuchen, eine möglichst einheitliche Vorgehensweise einzuhalten. So fällt es ihnen leichter, strukturiert miteinander zu reden.

Reflexion
Dabei ist es wichtig, zuerst zu reflektieren, um welches Problem es sich handelt.
Fragen Sie sich:
- Ist es ein Verhalten eines Kindes, was zu selten auftritt, wie Mithelfen, Aufräumen?
- Ist es ein störendes, unerwünschtes Verhalten, was zu häufig auftritt, wie Anschreien, nicht ins Bett gehen wollen, jede Nacht ins Schlafzimmer kommen?

- Handelt es sich um ein Verhalten, worüber ich mir Sorgen mache, wie ein Leistungsabfall in der Schule, Eifersuchtsreaktionen gegenüber einem jüngeren Geschwister, häufiger Rückzug oder zu viele Computerspiele?
- Welche Erwartungen habe ich gerade an mein Kind? Überfordere ich es oder verlange ich zu wenig?
- Kann ich auch erwünschte, positive Verhaltensweisen sehen und anerkennen?
- Welche Motive können hinter dem beklagten Verhalten stehen?
- Hat das mit meiner Person zu tun oder mit der gesamten Familiensituation?
- Bin ich gerade überfordert?
- Welche Stimmungslage zeigt mein Kind?
- In welcher befinde ich mich gerade? Sorge ich gut für mich?
- Wie spreche ich im Alltag mit meinem Kind: destruktiv oder ermutigend?
- Wie sind gegenwärtig der Umgangston und die Stimmung in der Familie?

Mit dieser Selbstkommunikation wird nicht nur das Problemverhalten des Kindes analysiert, sondern auch die Gesamtsituation und das eigene Verhalten. Verhalten steht ja, wie oben beschrieben, immer in Wechselwirkung, die Familie reagiert wie ein Mobile. Haben Sie sich schon im Vorfeld Gedanken über das Problem gemacht, können Sie die Ursachen des Konfliktes erkennen und somit besser einschätzen. Im Zweiergespräch können diese Reflexionen dann als Vermutung angesprochen werden.

Zeitpunkt und Ort

Konfliktgespräche, die unter Zeitdruck zwischen Tür und Angel stattfinden nach dem Motto „Was ich dir schon lange sagen wollte", werden kein fairer Dialog sein, sondern im Streit enden. Ein reinigendes Gewitter kann manchmal heilsam sein, hat aber nichts mit fairer Konfliktlösung zu tun. Da lässt die eine Seite mal Dampf ab und die andere verzieht sich. Eine wirkliche Verhaltensänderung wird nicht stattfinden, selbst wenn der Gescholtene Besserung gelobt, da die eigentlichen Gründe nicht aufgedeckt wurden.

Einen Zeitpunkt zu finden, an dem beide Gesprächspartner ungestört für maximal 45 Minuten Zeit haben, ist Voraussetzung für ein erfolgreiches Gespräch. Bei emotional nicht belastenden Themen genügen oft schon 20 Minuten, um zu einer fairen Lösung zu kommen.

Es sollte ein Ort bestimmt werden, an dem nicht ständig ein anderes Familienmitglied stört oder der Geräuschpegel ablenkt.

Ist man schon geübt, finden die besten Dialoge oft auf einem Spaziergang, im Auto oder im Bett statt!

Erinnerung an Kommunikationsregeln

Da Sie und hoffentlich auch alle Familienmitglieder bereits die Regeln der Kommunikation kennengelernt haben, genügt es, sie während des Gesprächs immer wieder zu wiederholen. Wie schon beim Familienrat beschrieben, sollten Sie immer wieder wertschätzend darauf aufmerksam machen. Dann werden die Regeln auch als Hilfestellung akzeptiert.

Bei den ersten Konfliktgesprächen ist es sehr hilfreich, einen Gesprächsleiter zu bitten, genau auf einen Ablauf nach dem Durchführungsschema zu achten. Inhaltlich muss sich der Gesprächsleiter aber völlig heraushalten, er darf nicht Partei ergreifen und sollte auch nicht an dem Problem beteiligt sein.

Ist dies nicht möglich, sollte sich jeder − sofern Ihr Kind schon lesen kann − die Durchführungsanleitung sichtbar vor sich legen. Das gibt beiden eine feste Struktur. Es hilft, sachlich zu bleiben und sich auf den Ablauf des Dialogs zu konzentrieren.

Auch wenn sich das Gespräch nach dem vorgegebenen Schema zunächst etwas steif und ungewohnt anfühlt: Beide Seiten haben dieselben Vorgaben und somit kommt jeder abwechselnd zu Wort. Durch die Wiederholung des Gehörten kann jeder sicher sein, auch wirklich verstanden zu werden. Es geht um einen wechselseitigen Austausch, um die Akzeptanz verschiedener Meinungen und Emotionen, um das Aufdecken von Missverständnissen und um die Einsicht, dass es der Einhaltung bestimmter Regeln bedarf, damit das Familiensystem im Alltag funktionieren kann. Dann werden solange Veränderungsvorschläge gemacht, bis jeder diese als faire Lösung akzeptieren kann. Das sollte das Ziel eines fairen Konfliktdialoges sein – es geht niemals um eine perfekte Lösung!

Position

Beide Gesprächsteilnehmer sitzen, stehen oder liegen so, dass sie sich sehen können, um auch auf die Mimik, Gestik und Körperhaltung achten zu können. Sie erinnern sich an die Wirkung der nonverbalen oder der doppelten Botschaften aus dem Kapitel „Elterliche Botschaften und ihre Auswirkungen"? Da wir überwiegend auf das Hören konzentriert sind, gehen oft wichtige Informationen verloren, wenn wir den anderen nicht anschauen.

Problembeschreibung

Derjenige, der um das Gespräch gebeten hat (A), beschreibt möglichst sachlich und genau, welches Verhalten ihn stört, warum es ihn stört, was es bei ihm emotional auslöst und wie er es gerne anders hätte. Er liefert also eine Beschreibung des Verhaltens und die Auswirkung dieses Verhaltens. A kann auch gleich einen Wunsch nach Veränderung anhängen. Der andere Gesprächspartner (B) hört erst einmal zu.

Nach dieser Einleitung halten sich beide an das folgende Durchführungsschema. Dabei stellt man am besten eine Eieruhr auf 30 Minuten, danach bleiben noch 15 Minuten für eine Lösung und den Abschluss.

Durchführung eines fairen Konfliktgespräches

A sagt B, was er als Problem sieht, und beschreibt das Verhalten.

B wiederholt wortwörtlich, was er von A gehört hat.

A sagt in Ich-Aussagen, wie er darüber empfindet.

B wiederholt, was er über die Wirkung seines Verhaltens gehört hat, er sagt in Ich-Aussagen, wie er darüber denkt und empfindet.

A wiederholt, was er von B gehört hat und was es bei ihm auslöst.

B wiederholt, was er von A gehört hat und was es bei ihm bewirkt.

A macht einen Vorschlag zur Veränderung oder sagt seinen Wunsch.

B wiederholt den Vorschlag oder Wunsch und spürt nach, ob er diesen ganz annehmen oder erfüllen kann oder nur teilweise oder gar nicht. Er akzeptiert ihn – wenn nicht, macht er einen Vorschlag.

A wiederholt die Akzeptanz oder den Gegenvorschlag und sagt seine Meinung dazu.

Wie ein Pingpongspiel werden nun wechselseitig Vorschläge gemacht, bis sich beide einigen können oder sie einen tragbaren Kompromiss gefunden haben. Dabei behalten sie die ausgemachte Zeit im Auge!

A sagt, wie er über diese Lösung oder den Kompromiss denkt und empfindet.

B wiederholt, was er von A gehört hat und sagt seine Empfindungen dazu.

A gibt B eine Anerkennung für das Gespräch.

B gibt seine Anerkennung.

Haben A und B einen Kompromiss geschlossen, machen sie einen weiteren Termin für ein zweites Konfliktgespräch aus, um die Veränderungen ausprobieren zu können und danach noch einmal zu überprüfen, ob er für beide so tragbar ist. Sonst muss neu verhandelt werden.

Kinder im Vorschulalter benötigen noch viel Unterstützung, der Erwachsene sollte durch das Zuhören mit dem dritten Ohr, also mit dem Einsatz aller Wahrnehmungskanäle, dem Kind helfen, sich verständlich auszudrücken. Das erfordert dann doppelte Aufmerksamkeit, da der Elternteil auch auf seine Empfindungen achten sollte, um nachvollziehbar zu kommunizieren.

Kinder können auch sehr schnell ungeduldig und emotional reagieren oder in Widerstand gehen und den Wunsch des Elternteils erst mal ablehnen. Da sind dann viel Verständnis und Akzeptanz nötig, um nicht in das alte Muster mit Anklagen zu fallen oder den kindlichen Widerstand persönlich zu nehmen. Es kann sein, dass sich hinter dem beklagten Verhalten des Kindes ein tiefer gehender Beziehungskonflikt verbirgt. Dann sollte man einen Gesprächsleiter oder einen Helfer hinzuziehen. Mit diesem Konflikt, der dann noch nicht gelöst werden konnte, sollte man aber trotzdem kompromissbereit umgehen. Muss das Gespräch vertagt werden, heißt das nicht, dass es eine Niederlage für eine der beteiligten Personen gab, sondern dass beide umsichtig gehandelt haben!

Beide Betroffenen bekommen Zeit für die Reflexion des Gesprächs und können ihr Verhalten beobachten und darüber neue Informationen erhalten. Selbst- und Fremdbeobachtung sind ein wichtiger erster Schritt zur Veränderung. Die anderen Familienmitglieder werden gefragt, das bestehende Problem wird offen behandelt. Die Eltern tauschen sich untereinander aus, ältere Kinder mit ihren Freunden. Alle neuen Aspekte zusammen ergeben oft eine neue Sichtweise und damit neue Lösungsmöglichkeiten.

Geben Sie nicht auf, sondern üben Sie Konfliktgespräche immer wieder fleißig!

FAZIT:
- Je öfter Konfliktgespräche stattfinden, umso mehr sinkt die Hemmschwelle, Störungen sofort anzusprechen. Dann müssen sich diese gar nicht mehr zum Problem aufbauen.
- Gemeinsames Reden und Suchen nach Veränderungen und Lösungen verbindet! Destruktiver Streit trennt!

Schlusswort

Erziehen, Kommunizieren und das tägliche Miteinander sind nicht immer kinderleicht!

Je älter ein Kind wird, desto mehr nimmt es an der Erwachsenenwelt teil, hinterfragt, vergleicht und versucht seine eigenen Gedanken und Vorstellungen durchzusetzen. Alltagskonflikte können nicht immer vermieden werden, da jedes Familienmitglied seine eigene Persönlichkeit ist und eine eigene Persönlichkeit hat und versuchen wird, seine Bedürfnisse einzufordern. Unterschiedliche Zielvorstellungen sollten respektiert werden und können mit einer offenen und fairen Kommunikation gelenkt werden. Kommt es zu Konflikten, können diese ausgehalten werden, bis der richtige Zeitpunkt da ist, sich als Familie zusammenzusetzen, um eine faire Lösung zu finden.

Die Familie stellt für die Kinder das beste Übungsfeld dar, um im späteren Erwachsenenleben mit unterschiedlichen Mitmenschen zurechtzukommen. Da wir Eltern immer eine Modellfunktion haben, sollten wir täglich aufmerksam und achtsam mit Sprache umgehen und uns selbst und die Familienmitglieder als Persönlichkeit wahrnehmen. Wir sollten mit offenen Herzen zuhören und nachvollziehbar und einheitlich in unserem Denken und Handeln sein: Lenke, leite und respektiere dein Kind, damit sich ein gesunder Charakter entwickeln kann!

Da wir Eltern und Kinder auch nur Menschen sind, gehören Krisen dazu, aus denen aber alle Beteiligten gestärkt hervorgehen können, wenn wir immer wieder darauf achten, wie wir uns verhalten und **wie** wir miteinander sprechen!

Mögen wir uns als Eltern, Großeltern und Erzieher folgenden Text, der über dem Eingang einer alten tibetischen Schule gefunden wurde, täglich zu Herzen nehmen!

Wenn ein Kind …
- Wenn ein Kind kritisiert wird, lernt es zu verurteilen.
- Wenn ein Kind angefeindet wird, lernt es zu kämpfen.
- Wenn ein Kind verspottet wird, lernt es schüchtern zu sein.
- Wenn ein Kind beschämt wird, lernt es sich schuldig zu fühlen.
- Wenn ein Kind verstanden wird, lernt es geduldig zu sein.
- Wenn ein Kind ermutigt wird, lernt es sich selbst zu vertrauen.
- Wenn ein Kind gelobt wird, lernt es sich selbst zu schätzen.
- Wenn ein Kind gerecht behandelt wird, lernt es gerecht zu sein.
- Wenn ein Kind geborgen lebt, lernt es zu vertrauen.
- Wenn ein Kind anerkannt wird, lernt es sich selbst zu mögen.
- Wenn ein Kind in Freundschaft angenommen wird, lernt es in der Welt Liebe zu finden.

Literatur

Thomas Gordon: Die neue Familienkonferenz, Heyne

Friedrich Schulz von Thun: Miteinander reden, rororo

Jesper Juul: Elterncoaching: Gelassen erziehen, Beltz

Jesper Juul: Nein aus Liebe: Klare Eltern – starke Kinder, Kösel

Gerd F. Müller/Gaby Moskau: Familienleben als Lernprozess, Ullstein

Doris Heueck: Das präventive Elterntraining, Kiepenheuer & Witsch (vergriffen)

Doris Heueck-Mauß: Das Trotzkopfalter, humboldt

Virginia Satir: Selbstwert und Kommunikation, Pfeiffer

Rudolf Dreikurs/Erik Blumenthal: Kinder fordern uns heraus, Cotta'sche Buchhandlung

Rudolf Dreikurs/Erik Blumenthal: Eltern und Kinder, Freunde oder Feinde, Klett-Cotta